Inhaltsverzeichnis

Vorwort

Auch wenn Excel schon sehr viel kann, gibt es immer noch Aufgaben, die sich so ganz mit Excel-Bordmitteln nicht lösen lassen. Hier kommt VBA ins Spiel.

VBA:
Visual Basic for Applications

Die Grundlagen der VBA-Programmierung sind ganz schnell gelernt. Wer etwas logisch denken kann und mathematisch nicht ganz unbegabt ist, kann so schnell eigene Funktionen und Prozeduren erstellen, die diese Probleme lösen.

VBA ist für alle die richtige Programmiersprache, die eine Microsoft-Office-Anwendung wie Word, Excel oder Access haben und diese steuern und manipulieren möchten. Außerdem ist VBA recht einfach zu erlernen, so dass Sie damit auch sehr anschaulich die ersten Programmiererfahrungen machen können.

Anforderungen

Wenn Sie erfolgreich mit diesem Heft arbeiten möchten, sollten Sie die Grundlagen von Windows kennen und wissen, wie Sie Dateien erstellen, kopieren und verschieben können. Sie sollten sich auch soweit mit Excel 2010/13/16 auskennen, dass Ihnen Begriffe wie Zelle, Zelladresse und Tabellenblatt bekannt sind.

Außerdem brauchen Sie natürlich noch Software. Da VBA in Excel integriert ist, benötigen Sie nur Excel 2010/13/16 für Windows.

Auch frühere Versionen sind möglich, allerdings werden Sie einige Einstellungen und Vorgehensweisen im Heft dann nicht

1:1 nachvollziehen können. Der Code sollte in aller Regel aber auch in älteren Versionen funktionieren.

Grenzen

Natürlich kann ein Heft in dieser Stärke nicht in die Tiefen der VBA-Programmierung vordringen, aber am Ende des Heftes kennen Sie sich so gut aus, dass Sie sich fortbilden können, ohne in teure Literatur investieren zu müssen. Die Online-Hilfe enthält nämlich alles, was man zu VBA wissen muss. Es geht also vor allem darum, die in der Hilfe verwendeten Begriffe zu verstehen – und genau das, oder die Grundlagen dazu, lernen Sie an praktischen Beispielen auf den folgenden Seiten.

Hilfestellung notwendig?

Sollten Sie mit einem Beispiel oder einer Erklärung aus diesem Heft nicht zurechtkommen, können Sie sich gerne an mich wenden.

Besuchen Sie dazu einfach meine Webseite: www.helma-spona.de

Hier finden Sie ein Kontaktformular, über das Sie Ihre Frage loswerden können.

Ich bitte aber um Verständnis dafür, dass ich wirklich nur Fragen zu meinen Veröffentlichungen beantworte und keine darüber hinausgehende kostenlose Hilfe leisten kann. Wenn Sie etwas programmiert haben möchten, wäre das nur als kostenpflichtige Dienstleistung möglich.

Und nun viel Spaß und viel Erfolg beim Programmieren mit VBA!

Helma Spona

Die Entwicklungsumgebung entdecken

Jede Programmiersprache benötigt eine Entwicklungsumgebung. Dieser Begriff bezeichnet ein Programm, in dem Sie Ihren Code erfassen, testen und sofern notwendig kompilieren können. Kompilieren bedeutet, dass der Quellcode, der aus einfachen Textanweisungen besteht, in eine Form überführt wird, die von einem Computer ausgeführt werden kann.

> Das Programm, das die Kompilierung durchführt, heißt Compiler.

VBA-Code wird automatisch kompiliert, wenn Sie ihn ausführen. Ein separater Schritt ist dazu nicht erforderlich.

Allerdings führt die Kompilierung von VBA-Code nicht zu einer eigenständigen Anwendung, wie das eine EXE-Datei wäre, die Sie einfach per Doppelklick ausführen können. VBA-Code benötigt eine sogenannte VBA-Hostanwendung. Dies kann prinzipiell jede Anwendung sein, die VBA in der entsprechenden Version unterstützt, also sowohl Word als auch Excel, Access oder PowerPoint.

Der VBA-Code wird grundsätzlich in der Datei der entsprechenden Hostanwendung gespeichert. Wenn Sie den Code also in Excel ausführen möchten, fügen Sie ihn in eine Excel-Arbeitsmappe ein und öffnen diese dann in Excel. Bearbeiten können Sie den Code in jeder VBA-Hostanwendung im gleichen Editor – dem VBA-Editor.

Verschiedene VBA-Versionen

Es gibt nicht nur eine Version von VBA. In Excel 5.0 und Excel 7.0, den ersten VBA-Hostanwendungen, war genau wie in Office 97 die Version 5.0 integriert. Die danach folgenden Office-Anwendungen für Windows, also Office 2000, XP und 2003, unterstützen hingegen VBA 6.0 bzw. VBA 6.3 (Office 2003 und 2007). In Office 2010 ist VBA 7 und in Office 2013/2016 ist VBA 7.3 integriert.

Die VBA-Version wird allerdings erst dann wirklich interessant, wenn Sie in die Tiefen der Programmierung vordringen. Für den Einstieg und einfache Lösungen für den Alltag brauchen Sie sich darum nicht großartig zu kümmern. VBA 6.0 und höher, sollten Sie allerdings für die folgenden Beispiele schon verwenden. In den Bildschirmausdrucken der folgenden Anleitungen wird Excel 2013/16 gezeigt und auf Änderungen gegenüber Excel 2010 hingewiesen. Wenn Sie noch ältere Versionen nutzen, können die gezeigten Bedienelemente und Schritte daher abweichen.

Den VBA-Editor starten

Um den VBA-Editor zu starten, müssen Sie VBA nicht extra installieren – er wird automatisch mit der VBA-Hostanwendungen installiert. Sie können also gleich loslegen:

- Starten Sie Excel und erstellen Sie eine neue, leere Arbeitsmappe, sofern diese nicht automatisch erzeugt wird.

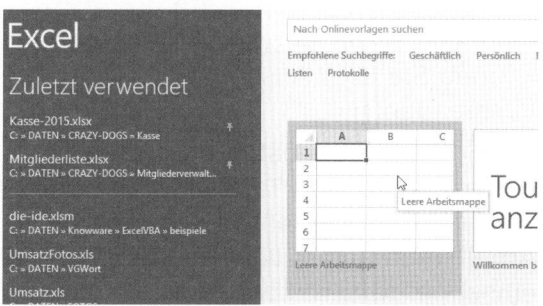

- Alternativ können Sie natürlich auch eine vorhandene Arbeitsmappe öffnen, wenn Sie dort Ihren Code integrieren möchten.
- Speichern Sie nun die Arbeitsmappe in einem geeigneten Dateiformat. Das ist ab Excel 2007 das Format ".xlsm", denn Dateien im "xlsb"- oder xlsx-Format können keine VBA-Projekte speichern.

- Klicken Sie dazu auf DATEI und wählen Sie SPEICHERN UNTER aus.
- Geben Sie nun einen geeigneten Dateinamen ein und wählen Sie als Dateiformat EXCEL-ARBEITSMAPPE MIT MAKROS (*.XLSM) aus und klicken Sie auf SPEICHERN.

- Drücken Sie nun [ALT] + [F11], um den VBA-Editor zu starten.

Die Entwicklungsumgebung im Überblick

Die Entwicklungsumgebung besteht aus mehreren Fenstern. Die wichtigsten sind links oben der Projektexplorer, links unten das Eigenschaftenfenster sowie das Direktfenster.

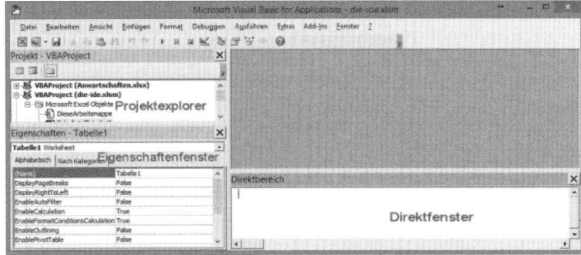

Alle Fenster der Entwicklungsumgebung können Sie über ANSICHT ein- oder ausblenden.

Im Eigenschaftsfenster legen Sie die Eigenschaften von Tabellen, Formularen und anderen Elementen der Excel-Arbeitsmappe fest oder können diese einsehen. Näheres dazu folgt in den Abschnitten „Module erstellen und bearbeiten" auf Seite 8. Im Direktfenster, auch Direktbereich oder Testfenster genannt, können Sie Befehle direkt eingeben und ausführen – Sie können aber auch Ausgaben zur Kontrolle der Anwendung machen lassen.

Der Projektexplorer

Mit dem Projektexplorer verwalten Sie das VBA-Projekt. Hier können Sie auf Module zugreifen und diese manipulieren oder neue Module einfügen.

Module enthalten den VBA-Quellcode der Anwendung und werden als Eintrag im Projektexplorer angezeigt.

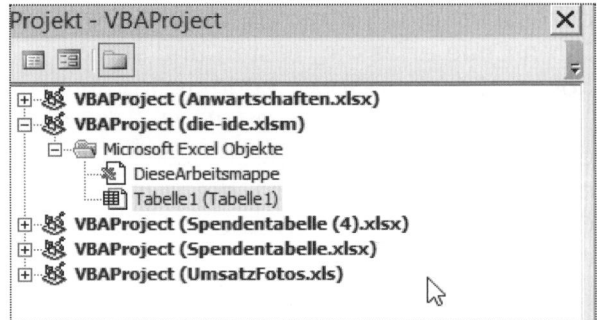

Die Einträge im Projektexplorer werden als Baumstruktur dargestellt. Ganz oben steht immer der Name des VBA-Projekts, in Klammern dahinter der Name der Arbeitsmappe – z.B. „die-die.xlsm". Auch geladene Add-Ins werden so angezeigt. Diesen Einträgen sind die Inhalte des VBA-Projekts untergeordnet. Sie sind nach Typen gruppiert. Die erste Gruppe fasst alle Excel-Objekte (in Word wären es Word-Objekte) zusammen. Jedes Excel-Tabellenblatt verfügt über ein Modul und wird daher hier aufgeführt. Enthält die Arbeitsmappe Diagramme, werden diese ebenfalls in der Gruppe „Microsoft Excel Objekte" angezeigt.

Sie können einfache Module erzeugen, um Code zu erstellen, der unabhängig von einem Tabellenblatt ist; sie werden in einer Rubrik „Module" aufgeführt, die mit dem ersten Modul erzeugt wird. Darüber hinaus kann es Klassenmodule und UserForms (Formulare) geben. Beide werden später noch genauer erläutert.

Möchten Sie ein Modul öffnen, das im Projektexplorer angezeigt wird, so klicken Sie dazu doppelt auf den Eintrag.

Es gibt VBA-Projekte, etwa die von AddIns, die geschützt sind. Falls Sie zur Kennworteingabe aufgefordert werden, können Sie das Modul nur mit gültigem Kennwort öffnen; ansonsten wird der Inhalt des Moduls rechts neben dem

Projektexplorer im Modulfenster angezeigt.

Anweisungen im Direktfenster ausführen

Das Direktfenster ist vor allem anfänglich ein sehr nützliches Hilfsmittel. Sie können dort Anweisungen testen oder Werte ausgeben, die Sie zur Kontrolle des VBA-Codes benötigen.

Das können Sie gleich testen:

1. Setzen Sie den Cursor in das Direktfenster, indem Sie einfach hineinklicken.
2. Geben Sie den Code `Debug.Print Now()` ein, und drücken Sie [ENTER].

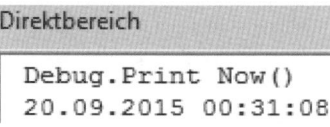

Die Entwicklungsumgebung führt nun diesen Befehl aus. Zunächst wird die Anweisung `Now()` ausgewertet. Dabei handelt es sich um eine Funktion, die das aktuelle Datum und die aktuelle Uhrzeit zurückgibt. Dieser zurückgegebene Wert wird mit `Debug.Print` im Testfenster ausgegeben, was zur Folge hat, dass in der nächsten Zeile Datum und Uhrzeit erscheinen.

Vielleicht haben Sie bei der Eingabe des Befehls gemerkt, dass nach dem Punkt ein kleiner Tooltip erscheint. Dies ist die

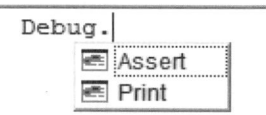

integrierte Programmierhilfe IntelliSense. Sie hilft Ihnen bei der Eingabe des Codes, indem sie die verfügbaren Befehle zur Auswahl anbietet. Sie können mit der [TAB]-Taste und den Pfeiltasten einen Eintrag wählen und ihn mit [ENTER] in den Code übernehmen.

Neben der Elementliste gibt es noch weitere Programmierhilfen, wie z.B. die Parameterliste. Sie wird später im Abschnitt „Module erstellen und bearbeiten" auf Seite 8 näher erläutert.

Die VBA-Hilfe aufrufen

Neben der Programmierhilfe liefert natürlich auch die VBA-Hilfe zusätzliche Informationen. Sie können Sie nur aus der Entwicklungsumgebung (=IDE, vom englischen Begriff *integrated development environment*) aufrufen. Im Excel-Anwendungsfenster erscheint beim Aufruf der Hilfe mit [F1] die Hilfe zu Excel, nicht die zu VBA. Wenn Sie die VBA-Hilfe aufrufen möchten, gibt es dazu zwei Möglichkeiten.

- Sie drücken einfach [F1], dann wird die allgemeine VBA-Hilfe angezeigt.
- Alternativ können Sie auch den Cursor in einen VBA-Befehl stellen und dann [F1] drücken. In diesem Fall wird die Hilfe zu dem aktuellen VBA-Befehl angezeigt.

> In Excel 2010, 2013 und 2016 wird die Hilfe online über den Browser geladen. Das heißt: sind Sie nicht mit dem Internet verbunden, steht leider auch die Hilfe nicht zur Verfügung. Zudem handelt es sich bei der Online-Hilfe leider teilweise um automatisch übersetzte Texte, was dann auch schon mal dazu führt, dass die VBA-Befehle fälschlicherweise mit übersetzt werden.

■ Die Hilfe zu einem bestimmten Befehl

Möchten Sie beispielsweise die Hilfe zum `Debug`-Befehl aufrufen gehen Sie folgendermaßen vor:

- Geben Sie im Direktbereich den Befehl `Debug` ein und setzen Sie den Cursor in das Wort. Steht der Befehl bereits im Testfester, können Sie auch einfach den Cursor in das vorhandene Wort setzen ohne es neu einzugeben.
- Drücken Sie [F1].

Auf der linken Seite der Website, in der die Hilfeinformationen angezeigt werden, können Sie nun in aller Regel zwischen den verfügbaren weiteren verwandten Elementen von VBA wählen, bzw. zu den anderen Objekten, der Sprachreferenz Informationen aufrufen.

■ Hilfe durchsuchen

Wenn Sie gezielte Informationen zu anderen Themen als speziellen VBA-Befehlen suchen, können Sie dazu in der Hilfe das Suchfeld nutzen.

> Kombinieren Sie in diesem Fall immer die Suchbegriffe mit dem Suchwort „VBA", weil Sie sonst auch Suchergebnisse zu anderen Programmiersprachen angezeigt bekommen.

Gehen Sie folgendermaßen vor, um beispielsweise Informationen zum Thema „Variablen" zu bekommen:

1. Öffnen Sie die VBA-Hilfe, indem Sie in der Entwicklungsumgebung [F1] drücken.
2. Geben Sie rechts oben in das Suchfeld den Suchbegriff ein, beispielsweise `Variablen VBA` und drücken Sie [Enter].
3. Klicken Sie in der Ergebnisliste auf das gewünschte Suchergebnisse.

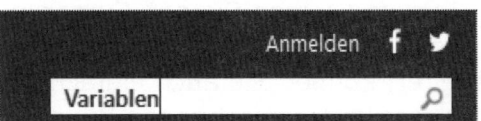

Module erstellen und bearbeiten

VBA-Quellcode wird in Modulen gespeichert. Die maximale Anzahl Codezeilen in einem Modul ist begrenzt, allerdings werden Sie erst bei sehr großen Anwen-

dungen an diese Grenzen stoßen. Für den Anfang können Sie dies also vernachlässigen.

> Grundsätzlich gibt es in einem VBA-Projekt zwei Typen von Modulen: einfache Module und Klassenmodule.

Nicht alle Befehle sind in beiden Modultypen zulässig; bei den meisten ist es jedoch egal, in welchem Modultyp Sie sie verwenden. Einfache Module, der Name sagt es, stellen die einfachste Art von Modulen dar. Sie sind fast universell verwendbar.

> Nachfolgend werden immer einfache Module verwendet – es sei denn es wird explizit darauf hingewiesen, dass ein Klassenmodul notwendig ist.

Klassenmodule sind eine besondere Form von Modulen. Für jedes Tabellenblatt der Arbeitsmappe und die Arbeitsmappe selbst, erzeugt Excel automatisch ein solches Klassenmodul, das dann im Projektexplorer in der Gruppe MICROSOFT EXCEL OBJEKTE angezeigt wird. Aus diesen Klassenmodulen erzeugt Excel zur Laufzeit ein Objekt, das in diesem Fall das Tabellenblatt darstellt.

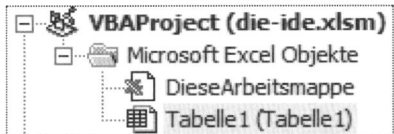

Sie können aber auch eigene Klassenmodule erstellen und aus diesen Objekte ableiten. Klassenmodule entsprechen den Klassen anderer objektorientierter Programmiersprachen.

Sie können sich eine Klasse wie eine Art Schablone vorstellen, mit der Sie gleichartige Objekte erstellen können.

Jedes Objekt, dass Sie aus einer Klasse erzeugen, hat alle durch die Klasse bestimmten Eigenschaften, unterscheidet sich aber dennoch von jedem anderen Objekt, das aus der Klasse abgeleitet wurde, durch die Werte und Ausprägungen der Eigenschaften.

Objekte einer Klasse werden als Instanzen bezeichnet. Die Ableitung eines Objektes aus einer Klasse wird als Instanziierung bezeichnet.

Nehmen Sie an, Sie haben eine Schablone für Kreise. Dann bestimmt diese Schablone die Größe des Kreises und seine Form, eben einen Kreis. Jeder Kreis, den Sie mit der Schablone zeichnen, ist also gleich groß – und da es ein Kreis ist, sieht er damit auch immer gleich aus. Dennoch unterscheidet sich jeder gezeichnete Kreis von jedem anderen, mindestens durch die Position auf dem Blatt; es handelt sich jeweils um eine individuelle Instanz.

In der Programmierung entspricht dies der Position im Hauptspeicher des Rechners, an dem das Objekt gespeichert wird. Möglicherweise unterscheiden sich die Kreise aber zusätzlich in der Farbe, in der sie gemalt wurden oder der Linienstärke durch den verwendeten Stift. Dies sind wiederum Werte oder Ausprägungen von Eigenschaften, die der Kreis sonst noch hat.

Klassenmodule benötigen Sie nur für ganz spezifische Vorhaben. Sie werden im Abschnitt „Eigene Benutzeroberflächen gestalten" auf Seite 48 Näheres dazu erfahren.

■ Ein Modul erzeugen und benennen

Wenn Sie ein Modul erstellen möchten, gehen Sie wie folgt vor:

1. Stellen Sie sicher, dass die Arbeitsmappe, in der Sie das Modul speichern möchten, im „xls"-Format (altes Excel-Format) oder im „xlsm"-Format gespeichert ist. Falls das nicht der Fall ist, speichern Sie die Arbeitsmappe mit „Datei/Speichern unter" in diesem Format.

2. Wechseln Sie in das Fenster der Entwicklungsumgebung oder öffnen Sie die Entwlcklungsumgebung mit [Alt] + [F11], falls diese noch nicht geöffnet ist.

3. Falls mehr als eine Arbeitsmappe geöffnet ist, markieren Sie im Projektexplorer die Arbeitsmappe, der Sie das Modul hinzufügen möchten, indem Sie den entsprechenden Eintrag anklicken.

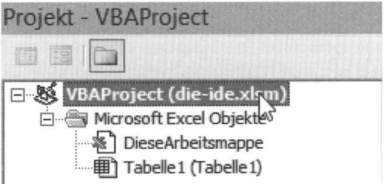

4. Wählen Sie nun EINFÜGEN | MODUL.

5. Setzen Sie den Cursor in das Feld NAME des Eigenschaftenfensters.

6. Überschreiben Sie den vorhandenen Namen, zum Beispiel „Modul1" durch einen Namen Ihrer Wahl, wie etwa ErsteSchritte.

7 Schließen Sie die Eingabe mit [Enter] ab.

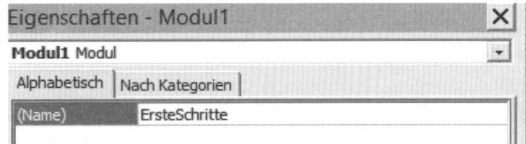

Damit haben Sie ein leeres Modul erzeugt und benannt.

Wichtig ist, dass alle Module innerhalb eines Projektes einen eindeutigen Namen haben. Sie können also nicht zwei oder mehr Modulen den gleichen Namen geben.

Ein Modulname darf keine Leer- und Sonderzeichen enthalten und sollte auch keine Umlaute oder ein „ß" enthalten. Lediglich ein Unterstrich ist als Sonderzeichen zulässig.

■ Code eingeben

Wenn Sie nun in ein Modul Code eingeben möchten, geht das wie folgt:

- Klicken Sie im Projektexplorer doppelt auf das Modul, damit es als Modulfenster geöffnet wird.

- Klicken Sie an die Stelle im Modul, an der Sie den Code eingeben möchten, z.B. an den Anfang des Moduls

- Nun können Sie den Code eingeben. Enthält das Modul noch keine Codezeile, sollten Sie ganz oben zunächst die Anweisung

  `Option Explicit`

  eingeben.

- Schließen Sie die Eingabe mit [Enter] ab, damit der Cursor in die nächste Zeile springt.

> Die Anweisung `Option Explicit` bewirkt, dass der VBA-Editor eine Fehlermeldung ausgibt, wenn eine Variable nicht vorher deklariert wurde.

> Eine Variable ist ein benannter Wert, der seinen Wert während des Programmablaufs ändern kann.

Wie Sie eine Variable deklarieren und was eigentlich eine Deklaration ist, erfahren Sie im Abschnitt „Code strukturieren" auf Seite 13.

> Wünschen Sie, dass diese Anweisung in jedes neue Modul eingefügt wird, so wählen Sie EXTRAS | OPTIONEN und aktivieren auf der Registerkarte EDITOR das Kontrollkästchen VARIABLENDEKLARATION ERFORDERLICH. Schließen Sie das Dialogfeld mit OK.

Alle ausführbaren Anweisungen werden in VBA innerhalb einer Prozedur oder Funktion definiert. Die Unterschiede zwischen beiden sind derzeit aber noch uninteressant. Sowohl Prozeduren als auch Funktionen sind benannte Codeblöcke, die Sie ausführen können, indem Sie ihren Namen im Direktfenster eingeben oder den Cursor in die Prozedur (oder Funktion) setzen und dann [F5] drücken.

Möchten Sie eine solche Prozedur erstellen, haben Sie zwei Möglichkeiten. Für den Anfang verwenden Sie am einfachsten das Menü.

1. Klicken Sie im Projektexplorer doppelt auf das Modul, in dem Sie die Prozedur erstellen möchten.

2. Wählen Sie EINFÜGEN | PROZEDUR aus dem Menü aus.

3. Geben Sie in das Feld NAME den Namen der Prozedur ein, beispielsweise „Meldung".

4. Stellen Sie sicher, dass die Option SUB aktiviert ist. Das sollte allerdings standardmäßig der Fall sein.

Schließen Sie das Dialogfeld mit OK.

> Ein Prozedurname darf keine Leer- und Sonderzeichen enthalten und sollte auch keine Umlaute oder ein „ß" enthalten. Lediglich ein Unterstrich ist als Sonderzeichen zulässig.

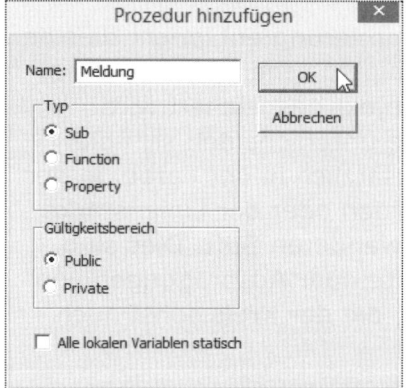

Damit haben Sie eine Prozedur erstellt – und die IDE setzt den Cursor automatisch in die Prozedur. Sie können nun den Inhalt der Prozedur direkt eingeben. Mit der `MsgBox`-Anweisung können Sie z.B. eine Meldung ausgeben und dabei gleich die automatische Parameterliste testen.

> Ein Parameter ist ein Wert, der an eine Prozedur oder einen VBA-Befehl übergeben wird.

Gehen Sie dazu folgendermaßen vor:

1. Geben Sie den Text `MsgBox` gefolgt von einem Leerzeichen ein.

2. Die IDE blendet nun die Parameterliste ein. Sie zeigt die Parameter des Befehls in der notwendigen Reihenfolge an.

Bitte arbeiten Sie mit; dann sehen Sie das folgende Bild auf Ihrem Monitor:

```
Public Sub Meldung()
MsgBox |
MsgBox(Prompt, [Buttons As VbMsgBoxStyle = vbOKOnly], [Title], [HelpFile], [Context]) As VbMsgBoxResult
```

3. Der erste angezeigte Parameter heißt „Prompt" und wird fett dargestellt. Das bedeutet, dass Sie diesen Parameter als nächstes eingeben müssen. Geben Sie dazu in Anführungszeichen den gewünschten Text für die Meldung ein.

4. Geben Sie anschließend ein Komma ein. Das Ergebnis: Der nächste Parameter „Buttons" wird fett dargestellt. Außerdem öffnet die IDE die automatische Konstantenliste mit den für diesen Parameter definierten Werten. Der Parameter bestimmt die Symbole und Schaltflächen, die in der Meldung angezeigt werden sollen.

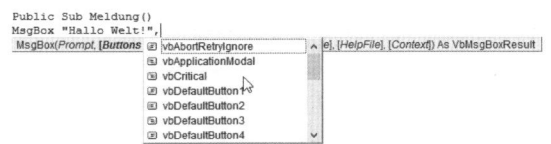

Vollziehen Sie die Übungen bitte auf Ihrem Rechner. Sonst lernen Sie fast nichts.

5. Wählen Sie in der Liste den Eintrag vbInformation. Dazu können Sie vbIn eingeben; der Eintrag wird dann markiert und Sie können ihn mit der [Tab]-Taste übernehmen. Alternativ könnten Sie auch mit der Maus oder den Pfeiltasten durch die Liste scrollen und doppelt auf den gewünschten Eintrag klicken.

6. Drücken Sie [Enter], um die Eingabe abzuschließen und in die nächste Zeile zu springen.

Damit haben Sie eine korrekte Prozedur erstellt. Sie sollte nun folgendermaßen aussehen – wobei der Text "Hallo Welt" die auszugebende Meldung darstellt und damit auch anders lauten darf:

```
Public Sub Meldung()
MsgBox "Hallo Welt!", vbInformation
End Sub
```

Sie wissen nicht, wo Sie den Code einfügen können? Lesen Sie bitte hier noch einmal nach: 9

■ Code ausführen

Nun können Sie den Code ausführen. Vorher sollten Sie den Code aber noch speichern, indem Sie das entsprechende Symbol in der Symbolleiste anklicken.

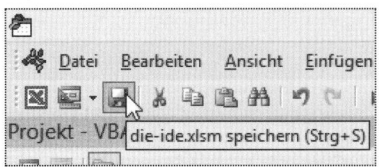

Sie sollten den Code grundsätzlich speichern, bevor Sie ihn nach einer Änderung das erste Mal ausführen. Abstürze durch Codefehler können sonst zu einem Datenverlust führen.

■ Makrosicherheit ab Excel 2010

Ab Excel 2010 werden alle Prozeduren beim Öffnen einer Arbeitsmappe, die Code enthält, automatisch gesperrt, wenn die Mappe geöffnet wird. Fügen Sie aber erst in die geöffnete Arbeitsmappe Code ein, können Sie den bis zum nächsten Öffnen der Arbeitsmappe problemlos ausführen. Beim Öffnen der Arbeitsmappe sehen Sie dann in Excel 2010 am oberen Rand eine gelbe Leiste. Dort klicken Sie auf INHALT AKTIVIEREN.

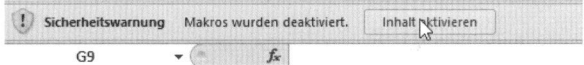

In Excel 2013 erscheint hingegen ein Dialogfenster in dem Sie auf „Makros aktivieren" klicken.

■ Prozeduren ausführen

Wenn Sie die Prozedur ausführen möchten, geht das am einfachsten, indem

Sie den Cursor in eine der Zeilen der Prozedur setzen. Anschließend drücken Sie [F5] oder wählen alternativ AUSFÜHREN | SUB/USERFORM AUSFÜHREN aus.

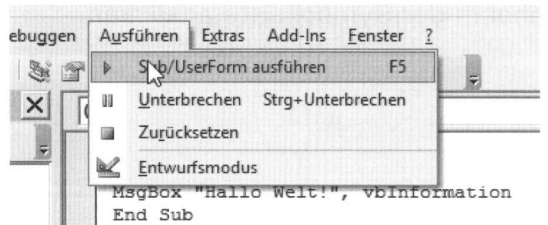

 Natürlich können Sie auch die Schaltfläche AUSFÜHREN der Symbolleiste verwenden.

Das Ergebnis könnte wie folgt aussehen:

Das blaue Symbol ergibt sich aus dem Parameterwert `vbInformation` und der angezeigte OK-Button dadurch, dass Sie keine weiteren Buttons für das Dialogfeld angegeben haben.

Den Code der Beispiele könnten Sie rein theoretisch auch zum Download bekommen und einfach in Ihre Arbeitsmappe kopieren. Das ist aber nicht sinnvoll, wenn Sie programmieren lernen möchten, denn Sie sollten – wenn möglich – die Beispiele Schritt für Schritt eingeben und testen und auch ruhig Fehler machen, denn durch Fehler lernen Sie Dinge, die Sie an korrektem Code nicht lernen können.

Code strukturieren

Dass Code in Modulen gespeichert wird, wissen Sie nun. Aber auch Module haben einen bestimmten Aufbau.

■ Modulaufbau

Innerhalb eines Moduls können Sie sowohl Prozeduren, wie auch Konstanten und Variablen definieren.

> Konstanten sind benannte Werte, die sich während des Programmablaufs nicht ändern können.

Üblicherweise werden alle Deklarationen (=Definitionen von Variablen und Konstanten) am Anfang des Moduls gemacht; danach folgen die Prozeduren und Funktionen, die im Modul gespeichert werden.

An jeder Stelle im Modul können Sie Kommentare einfügen. Kommentare werden bei der Programmausführung nicht berücksichtigt. Sie können sie verwenden, um Code zu kommentieren oder den Code eines Moduls zu gliedern.

Kommentare werden mit einem Hochkomma am Zeilenanfang eingeleitet und enden automatisch am Zeilenende.

Sie können z.B. eine Kommentarzeile am Anfang des Moduls einfügen, mit der Sie die folgende Prozedur erläutern:

```
'Gibt eine Meldung aus.
Public Sub Meldung()
MsgBox "Hallo Welt!", vbInformation
End Sub
```

> Kommentarzeilen werden in der IDE normalerweise grün dargestellt.

■ Prozeduren erstellen

Wie oben erläutert sind Prozeduren benannte Codefragmente, die Sie jederzeit aufrufen können. Es gibt prinzipiell zwei Arten von Prozeduren – solche ohne und solche mit Rückgabewert.

Prozeduren mit Rückgabewert werden Funktionen genannt, wohingegen die Prozeduren ohne Rückgabewert Unter

prozeduren oder oft einfach Prozeduren genannt werden. Letzteres ist zwar ungenau; Sie finden diese Bezeichnung aber auch in der Hilfe, so dass wir sie hier beibehalten werden.

> Funktionen sind Prozeduren mit einem Rückgabewert. Einfache Prozeduren, ohne Rückgabewert, werden Prozeduren oder Unterprozeduren genannt.

Wie Sie Funktionen definieren und verwenden, erfahren Sie im Abschnitt „Werte aus Funktionen zurückgeben" auf Seite 16. Nachfolgend geht es ausschließlich um Prozeduren. Eine Prozedur deklarieren Sie mit dem Schlüsselwort Sub.

> Schlüsselwörter sind wichtige Befehle einer Programmiersprache; sie stellen ihren Stammwortschatz dar. In objektorientierten Programmiersprachen wie VBA werden diese Schlüsselwörter durch Objekte ergänzt.

Nach dem Schlüsselwort folgt der Name der Prozedur, gefolgt von einem runden Klammerpaar. Dieses gibt an, dass es keine Parameter gibt, die an die Prozedur übergeben werden. Parameter sind Werte, die Sie an Prozeduren und Funktionen übergeben können. Mehr dazu finden Sie im Abschnitt „Parameter an Prozeduren und Funktionen übergeben" auf Seite 16.

Nach dem Klammerpaar drücken Sie [Enter], um eine neue Zeile zu erzeugen. Die Entwicklungsumgebung fügt dann automatisch den Prozedurfuß End Sub ein. Zwischen dem Prozedurkopf, also der Zeile, die mit Sub beginnt, und dem Prozedurfuß fügen Sie die Anweisungen der Prozedur ein.

Der Aufbau einer Prozedur sieht damit folgendermaßen aus:

```
Sub Name_der_Prozedur()
    Anweisungen
End Sub
```

▓ Einfache Anweisungen eingeben

Innerhalb der Prozedur geben Sie die Anweisungen ein, die ausgeführt werden sollen, wenn die Prozedur ausgeführt wird. Möchten Sie beispielsweise eine Prozedur erzeugen, die das aktuelle Datum im Testfenster ausgibt, erstellen Sie die Prozedur in einem normalen Modul:

```
Sub Datum()
    Debug.Print Date
End Sub
```

Die Anweisung innerhalb der Prozedur sorgt nun dafür, dass das aktuelle Datum mit `Date` ermittelt und durch Übergabe an die `Debug.Print`-Anweisung im Direktfenster ausgegeben wird.

▓ Prozeduren aufrufen

Sie können die Prozedur nun direkt mit [F5] ausführen oder aber in einer anderen Prozedur aufrufen. Dazu müssen Sie eine Prozedur erstellen, die an dcr Stelle, wo der Aufruf erfolgen soll, den Namen der aufzurufenden Prozedur nennt – z.B. so:

```
Sub test()
    Datum
End Sub
```

Die Prozedur `test` könnten Sie dann z.B. mit [F5] ausführen.

Natürlich ist es nicht gerade sinnvoll, für die Ausgabe des Datums im Testfenster zwei Prozeduren zu erstellen. Sie werden aber gleich merken, dass dies schon dann sinnvoll ist, wenn Werte an eine Prozedur übergeben werden sollen oder komplexere Berechnungen angestellt werden.

▓ Werte vorübergehend in Variablen speichern

Wenn Sie Berechnungen durchführen möchten, kommen Sie nicht um die Verwendung von Variablen herum. Sie können Variablen in einem Modul außerhalb einer Prozedur definieren. Dann handelt es sich um modulweit gültige Variablen, die auf Modulebene definiert sind. Alternativ können Sie Variablen aber auch innerhalb einer Prozedur definieren.

Sie sind dann nur innerhalb dieser Prozedur gültig und heißen lokale Variablen.

In jedem Fall definieren Sie die Variablen mit der `Dim`-Anweisung. Sie hat folgenden Aufbau:

```
Dim Variablenname As Datentyp
```

> Der Variablenname darf wie ein Modul- oder Prozedurname nur Buchstaben, Ziffern und Unterstriche enthalten und muss mit einem Buchstaben beginnen.

Innerhalb des Gültigkeitsbereichs darf der gleiche Name nur für eine Variable, Prozedur oder ein Modul verwendet werden. Sie können also keine Variable `Test` auf Modulebene definieren, wenn das Modul schon eine Variable oder eine Prozedur mit dem Namen `Test` enthält. Groß- und Kleinschreibung wird dabei nicht berücksichtigt. „test" oder „Test" sind daher für VBA gleich.

> Der Gültigkeitsbereich einer Variablen definiert, wo und wann Sie auf den Wert der Variablen zugreifen können. Ist die Variable auf Modulebene deklariert, können Sie sie in jeder Prozedur des Moduls nutzen.
> Wenn sie innerhalb einer Prozedur definiert ist, können Sie sie nur innerhalb der Prozedur verwenden. Der Gültigkeitsbereich ist dann auf die Prozedur begrenzt.

Der Datentyp einer Variablen bestimmt, welche Art von Daten in der Variablen gespeichert werden können. Damit legen Sie aber auch gleichzeitig den benötigten Speicherplatz fest.

Sie können z.B. die eben erstellte Prozedur `Datum` dahingehend erweitern, dass ein neues Datum berechnet wird, das ausgehend vom aktuellen Datum zwei Tage in der Zukunft liegt. Das Ergebnis der Berechnung ist dann natürlich wieder ein Datum – also benötigen Sie zur vorübergehenden Speicherung des Wertes eine Variable des Type `Date`. Solche Variablen können Datumswerte speichern. Dazu deklarierst Sie am Anfang der Prozedur die Variable mit:

```
Dim dteDatum As Date
```

> Mit der Deklaration wird die Variable dem Compiler und der Entwicklungsumgebung bekannt gemacht. Das System weiß anschließend, wie die Variable heißt und welche Art Daten sie speichern kann – im Beispiel ein Datum.

Außerdem müssen Sie der Variablen einen Wert zuweisen. Die erste Wertzuweisung wird als Initialisierung bezeichnet. Bei Variablen stellen Deklaration und Initialisierung grundsätzlich zwei Anweisungen dar.

Nach der Deklaration folgt also die Initialisierung. Dazu weisen Sie der Variablen mit dem Zuweisungsoperator „=" einen Wert zu. Der Wert muss dem Datentyp der Variablen entsprechen.

Da zum aktuellen Datum zwei Tage addiert werden sollen, müssen Sie eine Funktion aufrufen, die den gewünschten Wert zurückgibt. Dafür dient die Funktion DateAdd. Sie erwartet drei Parameter, die Sie getrennt durch Kommata nacheinander angeben. Der erste Parameter mit dem Wert „d" legt fest, dass der zweite Parameter Tage („d"=days) sind. Der dritte Parameter legt das Datum fest, zu dem die Tage addiert werden sollen. Die Funktion DateAdd gibt das Berechnungsergebnis zurück. Dieses wird dann mit Hilfe des Zuweisungsoperators „=" der Variablen dteDatum zugewiesen.

Damit das berechnete Datum ausgegeben wird, müssen Sie nun noch die Variable anstelle der date-Anweisung an die Print-Anweisung übergeben.

```
Sub Datum()
    Dim dteDatum As Date
    dteDatum = DateAdd("d", 2, Date)
    Dcbug.Print dteDatum
End Sub
```

■ Konstanten definieren und verwenden

Die direkte Nutzung des Wertes 2 in der Funktion DateAdd ist nicht immer von Vorteil. Es kann vorkommen, dass Sie den gleichen Wert in einer Prozedur mehrfach benötigen. Möchten Sie ihn bei Bedarf einfach und schnell ändern, statt ihn manuell an mehreren Stellen zu ersetzen, können Sie Konstanten definieren.

> Das können Sie wie bei Variablen ebenfalls auf Modulebene oder innerhalb einer Prozedur machen. Abhängig davon ergibt sich auch der gleiche Gültigkeitsbereich wie bei Variablen.

Im Unterschied zu Variablen deklarieren Sie Konstanten mit dem Schlüsselwort Const. Sie können wahlweise auch mit As einen Datentyp angeben, müssen das aber nicht tun, da Sie bei der Deklaration auch gleich den Wert der Konstanten bestimmen. Damit liegen auch der Datentyp und der verwendete Speicherplatz fest.

Möchten Sie eine Konstante mit dem Wert 2 definieren, können Sie also wahlweise eine der beiden folgenden Anweisungen verwenden:

```
Const bytTage As Byte = 2
Const bytTage = 2
```

Beide definieren die benötigte Konstante, die Sie einfach anstelle des Wertes 2 an die DateAdd-Funktion übergeben können. Überall wo Sie die Konstante verwenden, wird dann zur Laufzeit, also wenn Sie den Code ausführen, der Wert der Variablen verwendet.

```
Sub Datum()
    Dim dteDatum As Date
    Const bytTage = 2
    dteDatum = DateAdd("d", _
        bytTage, Date)
    Debug.Print dteDatum
End Sub
```

> Das verwendete Zeichen „ _" ist ein Zeilenumbruchzeichen, das besagt, dass die Anweisung in der nächsten Zeile fortgesetzt wird.

Dieses Zeilenumbruchzeichen besteht grundsätzlich aus einem Leerzeichen gefolgt von einem Unterstrich, und es muss zwingend als letztes Zeichen der Zeile angegeben werden.

Mit seiner Hilfe können Sie eine längere Codezeile umbrechen, um besser lesbaren Code zu erstellen. In diesem Heft wird der Code vor allem so umgebrochen, dass er in einer Druckzeile Platz hat.

> Das Zeilenumbruchzeichen darf allerdings keinesfalls innerhalb von Zeichenketten stehen, die in Anführungszeichen eingefasst werden.

■ Werte aus Funktionen zurückgeben

In ihrer gegenwärtigen Form ist die Prozedur `Datum` natürlich noch schlecht einsetzbar. Statt das berechnete Datum im Direktfenster auszugeben, wäre es natürlich besser, dieses Datum aus der Prozedur zurückzugeben, um es so in anderen Ausdrücken verwenden zu können. Daher könnten Sie das Ergebnis dann immer noch an die `Print`-Anweisung übergeben – Sie könnten es aber genauso gut anders verwenden.

Soll das funktionieren, müssen Sie aus der Prozedur eine Funktion machen, da nur Funktionen einen Wert zurückgeben können.

Funktionen werden mit dem Schlüsselwort `Function` definiert und enden mit `End Function`. Nach dem runden Klammerpaar folgt das Schlüsselwort `As` – und darauf dann der Datentyp des Rückgabewertes. Innerhalb der Funktion muss eine Anweisung stehen, die dem Funktionsnamen den Rückgabewert zuweist. Der Aufbau einer Funktion lautet:

```
Function Funktionsname() _
    As Datentyp
    …
    Funktionsname=Wert
End Function
```

Möchten Sie aus der bisherigen Prozedur eine Funktion machen, müssen Sie die nachfolgend fett hervorgehobenen

Änderungen durchführen. Den Namen können Sie beibehalten – es sei denn Sie möchten die Prozedur bewahren und eine zusätzliche Funktion erstellen.

```
Function Termin() As Date
    Dim dteDatum As Date
    Const bytTage = 2
    dteDatum = DateAdd("d", _
        bytTage, Date)
    Termin = dteDatum
End Function
```

Möchten Sie eine Funktion aufrufen, geht das genauso wie bei Prozeduren. Sie können die Funktion z.B. mit der Anweisung `Termin` aufrufen.

In diesem Falle wird die Funktion zwar aufgerufen und auch der Rückgabewert berechnet – aber er wird nicht zurückgegeben. Das liegt daran, dass Sie keine Variable angegeben haben, an die der Rückgabewert zugewiesen wird. Um das zu erreichen, müssen Sie eine Variable deklarieren und ihr den Rückgabewert der Funktion zuweisen:

```
Sub test()
    Dim dteTermin As Date
    dteTermin = Termin()
End Sub
```

> Bei der Zuweisung des Rückgabewertes an eine Variable müssen Sie zwingend das leere Klammerpaar nach dem Funktionsnamen angeben.

Statt den Rückgabewert einer Variablen zuzuweisen, können Sie ihn aber auch unmittelbar an eine Prozedur oder Anweisung übergeben – etwa so:

```
Debug.Print Termin()
```

■ Parameter an Prozeduren und Funktionen übergeben

Natürlich ist es nicht immer wünschenswert, dass zum aktuellen Datum genau zwei Tage addiert werden. Soll die Funktion flexibler einsetzbar sein (analog gilt das auch für Prozeduren), können Sie die Tage, die zum Datum addiert werden sollen, und das Datum, zu dem die Tage addiert werden sollen, auch als Parameter übergeben.

Parameter definieren Sie, indem Sie sie innerhalb des runden Klammerpaars im Funktionskopf angeben. Jeden Parameter definieren Sie nach folgendem Schema:

```
ParamName As Datentyp
```

Möchten Sie mehrere Parameter definieren, führen Sie sie nacheinander auf und trennen sie durch Kommata voneinander.

Im folgenden Code werden zwei Parameter definiert. Der erste hat den Typ `Integer` und kann damit ganze Zahlen von -32768 bis +32767 speichern. Der zweite Parameter stellt das Datum dar, zu dem die Tage addiert werden sollen.

```
Function Termin(intTagDiff As _
    Integer, dteDatum As Date) _
    As Date
...
```

Innerhalb der Funktion können Sie die Parameter wie Variablen verwenden, nur müssen Sie sie nicht mehr deklarieren und initialisieren. Da der Parameter `dteDatum` vorher als Variable deklariert war, müssen Sie nur die beiden Anweisungen zur Deklaration und Initialisierung löschen. Im Aufruf der `DateAdd`-Funktion müssen Sie außerdem statt des aktuellen Datums durch Angabe der `date`-Anweisung jetzt den Parameter `dteDatum` angeben.

```
Function Termin(intTagDiff As _
    Integer, dteDatum As Date) _
    As Date
    dteDatum = DateAdd("d", _
        intTagDiff, dteDatum)
    Termin = dteDatum
End Function
```

Haben Sie Parameter definiert, so müssen Sie für diese auch Werte an die Funktion übergeben, wenn Sie sie aufrufen. Im einfachsten Fall übergeben Sie die Werte einfach der Reihe nach und trennen sie durch Kommata. Dabei müssen Sie Zeichenketten (Datentyp `String`) in Anführungszeichen setzen und Datumswerte mit dem Zeichen „#" einklammern. Datumsangaben

können Sie also entweder als Variable vom Typ `Date` oder mit dem Schema `#MM/TT/JJJJ#` übergeben. In der folgenden Anweisung wird als Datum der 12.09.2015 angegeben und das Ergebnis im Testfenster ausgegeben.

```
Debug.Print Termin(2, #09/12/2015#)
```

Alternativ können Sie die Parameter in beliebiger Reihenfolge übergeben, müssen dann aber den Parameternamen angeben. Die Übergabe erfolgt dann nach folgendem Schema:

```
ParamName:=Wert
```

Möchten Sie mehrere Parameter übergeben, trennen Sie sie einfach durch ein Komma:

```
Debug.Print Termin( _
    dteDatum:=#9/12/2015#, _
    intTagDiff:=2)
```

Diese Form des Aufrufs sieht zwar länger aus, doch hat sie durchaus Vorteile. Zum einen sehen Sie, wenn viele Parameter übergeben werden, auf den ersten Blick, welchen Werte an welchen Parameter übergeben werden; zum anderen können Sie bei optionalen Parametern die lästigen leeren Parameterwerte weglassen und sich auf den vielleicht einzigen übergebenen Wert beschränken.

> Optionale Parameter sind Parameter, die an eine Prozedur oder Funktion übergeben werden können, aber nicht müssen.

Die Parameterübergabe an eine Prozedur funktioniert fast genauso – nur lassen Sie die runden Klammern weg. Wäre die Funktion `Termin` eine Prozedur oder möchten Sie den Rückgabewert nicht verwenden, könnte der Aufruf wie folgt aussehen:

```
Termin 2, #1/12/2015#
```

> Prozeduren und Funktionen mit Parametern können Sie nicht mit [F5] ausführen. Sie benötigen grundsätzlich eine parameterlose Prozedur, die wiederum die Prozedur oder Funktion mit Übergabe der Parameter aufruft.

■ Optionale Parameter definieren

Die Deklaration der beiden Parameter war natürlich eigentlich ein kleiner Rückschritt, weil nun fast genauso viele Werte an die Funktion übergeben werden müssen wie an die Funktion `DateAdd`.

Sie können die Funktion (analog geht das auch bei Prozeduren) aber so erweitern, dass die Parameterwerte übergeben werden können, aber nicht müssen. Für den Fall, dass die Werte nicht übergeben werden, legen Sie dann einen Standardwert für den Parameter fest.

Optionale Parameter definieren Sie, indem Sie das Schlüsselwort `optional` vor den Parameter setzen.

Generell gilt, dass alle nach einem optionalen Parameter folgenden Parameter ebenfalls optional sein müssen. Definieren Sie also den ersten Parameter als optional, muss es der zweite auch sein. Alternativ könnten Sie den optionalen Parameter an das Ende der Parameterliste setzen. Die Parameter vor dem optionalen können Sie dann ohne optional definieren. Mit folgendem Funktionskopf legen Sie beide Parameter als optional fest.

```
Function Termin(Optional _
    intTagDiff As Integer, _
    Optional dteDatum As Date) _
    As Date
```

Das Problem ist, dass Sie so noch keine Standardwerte festgelegt haben, für den Fall, dass die Parameter nicht übergeben werden. Dazu gibt es zwei Möglichkeiten. Die eine: Sie weisen dem Parameter im Prozedurkopf einen konstanten Wert zu, z.B. je nach Datentyp des Parameters eine Zahl oder einen Text. Alternativ deklarieren Sie den Parameter mit dem Datentyp `Variant` und prüfen erst in der Funktion, ob der Wert übergeben wurde. Dazu gibt es eine spezielle Funktion, `ismissing`.

> Der Datentyp `Variant` ist ein allgemeiner Datentyp, der alle Arten von Daten speichern kann. Damit benötigt er aber auch sehr viel Speicherplatz. Also sollten Sie diesen Datentyp nur verwenden, wenn es unumgänglich ist, wie in diesem Beispiel.

Möchten Sie einem Parameter einen konstanten Standardwert zuweisen, fügen Sie den Wert einfach an den Datentyp an. Im nächsten Beispiel wird z.B. der Wert 2 als Standardwert für den ersten Parameter definiert. Der zweite Parameter soll als Standardwert das aktuelle Datum bekommen, dass von der Funktion `Date` zurückgegeben wird. Da einem Parameter nur konstante Werte zugewiesen werden können, nicht aber Funktionen, müssen Sie diesen Standardwert über die `isMissing`-Funktion festlegen. Dazu löschen Sie einfach die `As`-Anweisung mit dem Datentyp und legen damit den Datentyp `Variant` für den Parameter fest.

Alternativ könnten Sie auch den Datentyp `Date` explizit durch `Variant` ersetzen.

```
Function Termin(Optional _
    intTagDiff As Integer = 2, _
    Optional dteDatum As Variant) _
    As Date
    If IsMissing(dteDatum) Then
        dteDatum = Date
    End If
    dteDatum = DateAdd("d", _
        intTagDiff, dteDatum)
    Termin = dteDatum
End Function
```

Innerhalb der Funktion müssen Sie nun mit der `IsMissing`-Funktion prüfen, ob der zweite Parameter übergeben wurde. Dazu ist eine `if`-Anweisung notwendig. Sie prüft, ob der Ausdruck `IsMissing(dteDatum)` wahr ist; das ist dann der Fall, wenn der Parameter nicht angegeben wurde. Nur in diesem Falle wird die Anweisung `dteDatum=Date` ausgeführt und dem Parameter das aktuelle Datum zugewiesen.

Mehr zu `If`-Anweisung finden Sie weiter

Verzweigungen und Schleifen" auf Seite 25.

Optionale Parameter zeichnen sich dadurch aus, dass sie nicht angegeben werden müssen. Das ist dann natürlich beim Aufruf der Prozedur oder Funktion wichtig. Geben Sie die Parameter in der definieren Reihenfolge an, ohne die Parameternamen zu nennen, lassen Sie optionale Parameter einfach weg, indem Sie das Komma nach dem vorherigen und vor dem nächsten Parameter angeben, ohne Werte zwischen diese Kommata zu setzen. Geben Sie die Parameternamen an, nennen Sie nur die Parameter, an die Sie Werte übergeben möchten. Wenn Sie z.B. an die Funktion `Termin` nur den zweiten Parameter übergeben möchten, können Sie die folgenden Aufrufe verwenden:

```
Debug.Print Termin( ,#01/17/2015#)
Debug.Print Termin(dteDatum:= _
    #01/17/2004#)
```

Alternativ könnten Sie natürlich auch beide Parameter weglassen:

```
Debug.Print Termin()
```

Vielleicht ist Ihnen bei Eingabe des Funktionsaufrufs aufgefallen, dass in der Parameterliste nun beide Parameter in eckigen Klammern eingefasst werden. So stellt die

unten im Abschnitt „

Programmierhilfe optionale Parameter dar. Der mit dem Zuweisungsoperator im Prozedurkopf definierte Standardwert wird ebenfalls angezeigt.

```
Debug.print Termin( |   ⊥
```
`Termin([intTagDiff As Integer = 2], [dteDatum]) As Date`

■ Funktionen in Excel-Zellen nutzen

Wenn Sie eine Funktion erstellt haben, können Sie diese auch problemlos in Excel-Zellen aufrufen. Nehmen Sie an, Sie schreiben Rechnungen mit Excel und möchten abhängig vom Rechnungsdatum das Fälligkeitsdatum berechnen. Dann tragen Sie die Funktion einfach in die Zelle mit dem Fälligkeitsdatum ein und geben als Wert für den Parameter `dteDatum` den Zellbezug der Zelle mit dem Rechnungsdatum an. Für den ersten Parameter geben Sie das Zahlungsziel, also beispielsweise 14 für 14 Tage an. Unter Umständen müssen Sie dann noch das Zahlenformat der Zelle auf „Datum" setzen, wenn der Wert nur als Zahl und nicht als Datum erscheint.

	✗ ✓ *fx*	=Termin(14;G8)					
	B	C	D	E	F		G
					Kundennummer:		1039
					Rechnungsnummer:		2015-3
					Rechnungsdatum:		19.03.2015
					zu zahlen bis:		=Termin(14;(

Einfache Berechnungen

Wenn Sie mit VBA Berechnungen durchführen möchten, erstellen Sie damit einen Ausdruck. Ein Ausdruck ist eine Codeeinheit aus mindestens einem Wert, der in Form einer Variablen oder Konstanten vorhanden sein kann, und einem Operator. Der Operator ist ein Zeichen oder Schlüsselwort, das definiert, wie der Wert des Ausdrucks verändert werden soll. Solche Operatoren kennen Sie auch in der Mathematik – als Rechenzeichen.

Grundlegendes zu Ausdrücken

Ein einfacher Ausdruck, der eine Addition durchführt, könnte z.B. `1+4` lauten, ebenso aber `intI+2`, wobei `intI` natürlich eine deklarierte Variable oder Konstante sein muss.

Jeder Ausdruck hat einen Wert, das ist das Ergebnis der Berechnung. Im vorstehenden Beispiel hätte der Ausdruck `1+4` also den Wert 5. Da ein Ausdruck einen Wert hat, spielt der Aufbau des Ausdrucks keine Rolle. Ausdrücke können auch sehr komplex aufgebaut sein. Dennoch können Sie jeden Ausdruck an jeder Stelle im Code einsetzen, an der sein Wert zulässig ist. Ein gutes Beispiel dafür ist eine Wertzuweisung an eine Variable. Dabei steht der Ausdruck auf der rechten Seite des Zuweisungsoperators. Mit der Anweisung `intI = 5+6` weisen Sie z.B. der Variablen `intI` den Ausdruck `5+6` zu. Dabei wird dann zunächst der Ausdruck berechnet und der Variablen das Ergebnis, also `11`, zugewiesen.

```
Sub Zuweisung()
    Dim intI As Integer
    intI = 5 + 6
    intI = intI + 1
End Sub
```

Das funktioniert genauso, wenn der Ausdruck eine Variable enthält. In der folgenden Zeile des Listings wird z.B. die Variable `intI` inkrementiert, das heißt um 1 erhöht. Sie sehen schon an dieser Anweisung, dass eine Variable durchaus auf der rechten und der linken Seite einer Zuweisung stehen darf. Was passiert aber im Detail? Da der Variablen nicht der Ausdruck als solcher zugewiesen wird, muss er zunächst berechnet werden. Dazu wird zuerst der aktuelle Wert der Variablen `intI` ermittelt. Aufgrund der vorherigen Zuweisung ist dies 11.

Zu dem Wert 11 wird also 1 addiert. Der Ausdruck `intI+1` hat also den Wert 12; und dieser Wert wird nun wieder der Variablen `intI` zugewiesen. Auf diese Weise haben Sie den Wert der Variablen `intI` um 1 erhöht – und das funktioniert unabhängig von dem Wert, den die Variable vorher hatte, solange der Wert numerisch ist.

Mathematische Berechnungen

Die allermeisten Ausdrücke sind mathematische Berechnungen. Am häufigsten werden Sie die mathematischen Rechenzeichen für die vier Grundrechenarten Addition, Subtraktion, Multiplikation und Division benötigen. Den Additionsoperator "+" haben Sie bereits kennengelernt. Das folgende Listing demonstriert die Grundrechenarten.

Zunächst werden dazu zwei Variablen definiert. Die Variable `sngErg` hat den Typ `Single` und kann daher auch Zahlen mit Dezimalstelle speichern. Das ist notwendig, weil das Ergebnis einer Division nicht notwendig eine ganze Zahl sein muss.

> Generell gilt, dass die Operatoren von Leerzeichen umgeben sein sollten. Geben Sie `1+4` an, korrigiert der Editor dies automatisch zu `1 + 4`.

Der Variablen `intWert` wird anschließend der Wert 5 als Anfangswert zugewiesen. Mit diesem Wert wird die erste Berechnung, eine Addition durchgeführt. Der Ausdruck `intWert + 7` addiert den Wert 7 zum Wert der Variablen `intWert`. Das Ergebnis, 12, wird dann der Variablen

sngErg zugewiesen und mit der
Debug.Print-Anweisung ausgeben.

```
Sub Rechnen()
    Dim sngErg As Single
    Dim intWert As Integer
    intWert = 5
    'Addition
    sngErg = intWert + 7
    Debug.Print sngErg
    'Multiplikation
    sngErg = intWert * 7
    Debug.Print sngErg
    'Subtraktion
    sngErg = intWert - 2
    Debug.Print sngErg
    'Division
    sngErg = intWert / 2
    Debug.Print sngErg
End Sub
```

Für die Multiplikation stellt VBA das
Zeichen * als Operator zur Verfügung. Wie
in der Mathematik stehen die beiden zu
multiplizierenden Werte links und rechts
vom Operator. Mit dem Ausdruck
intWert * 7 wird der Wert 5 in der
Variablen intWert mit 7 multipliziert. Das
Ergebnis 35 wird wieder ausgegeben. Anschließend wird eine Subtraktion durchgeführt und vom Wert der Variablen
intWert 2 abgezogen. Das Ergebnis ist 3
und wird wieder ausgegeben.

Die Division im Anschluss wird mit dem
Operator / ausgeführt. Dieser Operator
entspricht der ganz normalen Division in
der Mathematik. Das Ergebnis von
intWert / 2 ist also 2,5.

Neben dem normalen Divisionsoperator
kennt VBA noch zwei weitere Operatoren
für die Division: den Backslash \ und das
Schlüsselwort Mod. Beide geben grundsätzlich eine ganze Zahl zurück. Mit dem
Operator \ führen Sie eine ganzzahlige
Division durch. Das bedeutet, dass keine
Dezimalstelle berechnet wird. Der Ausdruck 5 \ 2 hat damit den Wert 2, weil
die 2 genau zweimal in den Wert 5 passt,
ohne eine Dezimalstelle zu berücksichtigen. Es verbleibt ein Rest von 1, der
einfach ignoriert wird.

Wenn Sie möchten, können Sie diesen
Rest jedoch mit dem Mod-Operator

berechnen (mathematisch: modulo). Er
gibt nämlich nicht das Ergebnis der
Division aus, sondern den ganzzahligen
Rest einer ganzzahligen Division. Der
Ausdruck 5 Mod 2 hat also den Wert 1,
weil der Rest einer ganzzahligen Division
(5 \ 2) der Wert 1 ist. Das folgende
Listing demonstriert diese beiden
Operatoren. Zunächst wird eine
ganzzahlige Division durchgeführt und das
Ergebnis der Variablen intErg zugewiesen. Dieses wird dann im Direktfenster
ausgegeben. Die nächste Anweisung gibt
das Ergebnis der Division mit Mod aus, hier
1. Die letzte Anweisung zeigt, dass das
Ergebnis der ganzzahligen Division
multipliziert mit dem Divisor zuzüglich
dem Ergebnis der Mod-Operation wieder
den Ausgangswert liefert, hier 5.

```
Sub Division()
    Const intDivident = 5
    Const intDivisor = 2
    Dim intErg As Integer
    intErg = _
        intDivident \ intDivisor
    Debug.Print intErg
    Debug.Print intDivident Mod _
        intDivisor
    Debug.Print intErg * _
        intDivisor + intDivident _
        Mod intDivisor
End Sub
```

> Der Mod-Operator wird vornehmlich
> verwendet, um zu prüfen, ob eine Zahl
> gerade ist. Der Ausdruck
> intZahl Mod 2 hätte nämlich immer
> dann den Wert 0 (kein Rest vorhanden),
> wenn intZahl gerade und damit ohne
> Rest durch zwei teilbar ist.

■ Operatorvorrang

Die letzte Anweisung enthielt bereits einen
sehr komplexen Ausdruck:

```
intErg * intDivisor + intDivident
Mod intDivisor
```

Dass dieser Ausdruck korrekt berechnet
wurde, war aber mehr ein Zufall. Ausdrücke werden nämlich nicht von links
nach rechts ausgewertet. Das hätte hier
zur Folge, dass zunächst der Teilausdruck

`intErg * intDivisor` berechnet und dazu `intDivident` addiert würde. Erst auf dieses Ergebnis würde dann der `Mod`-Operator mit dem Operanden `intDivisor` angewendet. Das Ergebnis wäre natürlich falsch. Tatsächlich werden Ausdrücke gemäß dem Operatorvorrang ausgewertet.

> Der Operatorvorrang regelt die Reihenfolge in der Ausdrücke berechnet werden. Die grundlegende Regel lautet hier wie in der Mathematik: Punktrechnung vor Strichrechnung.

Zunächst werden also Multiplikationen und Divisionen berechnen, erst danach Additionen und Subtraktionen. Die Operatoren „\" und „Mod" zählen dabei zur Punktrechnung. Die Berechnung des Ausdrucks erfolgt im Beispiel also in folgender Reihenfolge: Zunächst werden die Teilausdrücke `intErg * intDivisor` und `intDivident Mod intDivisor` berechnet und danach deren Werte addiert.

VBA kennt natürlich noch mehr Operatoren als die hier vorgestellten. Daher ist der Operatorvorrang wesentlich komplizierter als in der Mathematik. Sie sollten daher immer Klammern verwenden, um die Reihenfolge der Teilausdrücke zu kennzeichnen und den Operatorvorrang außer Kraft zu setzen. Dadurch können Sie auch in komplexen Ausdrücken z.B. zunächst Additionen ausführen, wenn deren Ergebnisse dann per Division oder Multiplikation weiter verwendet werden sollen. Dazu setzen Sie wie in der Mathematik Klammern. Diese werden dann von innen nach außen ausgewertet. Damit der hier genutzte Ausdruck korrekt ausgewertet und gleichzeitig auch besser lesbar ist, müssten Sie die Klammern wie folgt setzen:

```
(intErg * intDivisor) + (intDivident
Mod intDivisor)
```

■ Ausdrücke mit Wahrheitswerten

Neben Ausdrücken mit mathematischen Operatoren gibt es auch logische Ausdrücke. Dabei handelt es sich um Ausdrücke die einen booleschen Wert haben.

> Ein Boolescher Wert ist ein Wert, der einen von zwei möglichen Zuständen darstellt, also „ein" und „aus" oder „wahr" und „falsch". Boolesche Werte werden daher auch als „Wahrheitswerte" bezeichnet.

In VBA können Sie einen booleschen Wert einer Variablen des Typs `Boolean` zuweisen. Sie kann die Werte `True` (Wahr) und `False` (Falsch) speichern. Diese entsprechen den vordefinierten Konstanten `True` und `False`. Jeden booleschen Wert können Sie in einen numerischen Wert umwandeln. Falls Sie ihn an einer Stelle verwenden, an der numerische Werte erwartet werden, z.B. in einer Berechnung werden sie automatisch umgewandelt. Der Wert `True` entspricht dabei dem Wert -1, der Wert `False` entspricht dem numerischen Wert 0. Auch in umgekehrter Richtung funktioniert eine solche Umwandlung. Wenn Sie z.B. Zahlen mit der Funktion `cBool()` in einen booleschen Wert umwandeln, wird jeder Wert ungleich 0 zu `True` konvertiert – und 0 zu `False`.

Sie können das testen, indem Sie im Direktfenster die Anweisung `Debug.Print cbool(4)` eingeben und mit [Enter] abschließen. In deutschen Excel-Versionen erhalten Sie dann als Ausgabe den Text `Wahr`.

Generell gibt es in VBA zwei Gruppen von Operatoren, die boolesche Werte als Ergebnis liefern: die Vergleichsoperatoren und die logischen Operatoren. Die Vergleichsoperatoren setzen Sie ein, um zu prüfen, ob ein Wert größer, kleiner oder gleich einem anderen ist. Die logischen Operatoren dienen dazu, andere boolesche Ausdrücke zu einem komplexeren Ausdruck miteinander zu verknüpfen.

■ Vergleichsoperatoren

Vergleichsoperatoren funktionieren ausnahmslos nach dem gleichen Schema: `Wert Operator Wert`. Der Operator steht also immer zwischen den zu vergleichenden Werten – und das Ergebnis ist immer ein boolescher Wert. Als Operatoren stehen die Operatoren der folgenden Tabelle zur Verfügung:

Operator	Beschreibung	Beispielausdruck
=	Gleich	7 = 5 (Falsch)
<>	Ungleich	7<>5 (Wahr)
>	Größer als	7 > 7 (Falsch)
<	Kleiner als	7 < 7 (Falsch)
>=	Größer oder gleich	7 >= 7 (Wahr)
<=	Kleiner oder gleich	7 <= 7 (Wahr)

Vielleicht fragen Sie sich nun, wie ein Zeichen, sowohl als Vergleichsoperator als auch als Zuweisungsoperator fungieren

Verzweigungen und Schleifen" auf Seite 25. Dort finden Sie dann auch Anwendungsbeispiele für Vergleichsausdrücke.

■ Logische Operatoren

Auch Ausdrücke mit logischen Operatoren haben einen booleschen Wert. Logische Operatoren dienen allerdings vornehmlich dazu, zwei oder mehr Ausdrücke miteinander zu verknüpfen. Die folgende Tabelle zeigt die wichtigsten Operatoren anhand von Beispielen. Die Werte A und B stellen dabei beliebige Teilausdrücke dar, die

kann, ohne dass es zu Problemen kommt. Das ist ganz einfach.

VBA interpretiert einen Ausdruck oder eine Anweisung immer kontextsensitiv. Möchten Sie z.B. die Anweisung `boolErg = 7 = 3` verwenden, wird diese wie folgt interpretiert:

Zunächst einmal gibt es drei Möglichkeiten. `boolErg=7` könnte eine Zuweisung sein. Dann wäre der Rest der Anweisung aber überflüssig – in diesem Falle wäre `boolErg=7` kein Ausdruck und hätte daher auch keinen Wert, der mit 3 verglichen werden könnte. Somit wäre auch der Rest der Anweisung überflüssig. Nun könnte VBA auch versuchen, den ganzen Ausdruck als zwei Vergleiche zu interpretieren. Der Ausdruck wäre dann wahr, wenn alle drei Zahlen gleich wären. Das funktioniert aber deshalb nicht, weil ein Ausdruck als einziges Element der Zeile nicht zulässig ist. Er müsste auf der rechten Seite einer Zuweisung stehen oder z.B. als Parameter an eine Prozedur übergeben werden. Es bleibt damit nur die dritte und richtige Möglichkeit übrig: `7=3` ist ein Ausdruck mit einem booleschen Wert, der auf der rechte Seite einer Zuweisung steht.

Vergleichsausdrücke werden vorwiegend in Verzweigungen und Schleifen verwendet. Mehr dazu im Abschnitt „

einen booleschen Wert liefern. Verwenden Sie den AND-Operator, um die beiden Ausdrücke zu verknüpfen, ist der Gesamtausdruck nur dann wahr, wenn beide Teilausdrücke wahr sind.

Anders verhält sich der OR-Operator. Der Gesamtausdruck ist wahr, wenn mindestens einer der Teilausdrücke wahr ist. Es dürfen also auch beide wahr sein. Das ist beim XOR-Operator anders. Verknüpfen Sie damit zwei Ausdrücke, ist der Gesamtausdruck nur dann wahr, wenn genau einer der Teilausdrucke wahr ist.

Der NOT-Operator nimmt eine Sonderstellung ein. Er negiert den Wert der in

Klammern angegebenen Variablen oder des Ausdrucks. Hat der Teilausdruck `A` den Wert `True`, liefert `Not(A)` also den Wert `False` und umgekehrt.

Logische Operatoren werden ebenfalls vor allem in Verzweigungen eingesetzt. Es folgen daher noch zahlreiche Beispiele.

A	B	A AND B	A OR B	NOT(A)	A XOR B
True	True	True	True	False	False
True	False	False	True	False	True
False	False	False	False	True	True
False	True	False	True	True	False

Arbeiten mit Zeichenketten und Zeichen

Eine Zeichenkette ist eine Aneinander-reihung von Zeichen, die als Text behandelt werden.

> Grundsätzlich gilt, dass Zeichenketten in Anführungszeichen eingeschlossen werden.

Auch wenn der Inhalt aus Ziffern besteht, handelt es sich um eine Zeichenkette.

Die Angabe von „123" im Code wird also als Zeichenkette interpretiert, während `123` eine Zahl ist. Wie Sie sehen werden, gibt es aber auch Situationen, in denen eine automatische Umwandlung erfolgt.

■ Operatoren für Zeichenketten

In VBA gibt es zwei Operatoren, mit denen Sie Zeichenketten aneinanderhängen, also verketten können: den Operator `&` und das Zeichen `+`. Beide funktionieren auf die gleiche Weise, zumindest solange beide Teilzeichenketten nicht Zahlen sondern Texte sind.

Das folgende Listing demonstriert dies. In der Prozedur `Verketten` wird in der ersten Anweisung eine Zeichenkette ausgegeben, die mit dem Operator `&` zusammengesetzt wird. Die zweite Zeile erzeugt die gleiche Ausgabe mit dem Operator `+`. Unterschie-

de ergeben sich bei beiden Parametern erst, wenn mindestens ein Operand eine Zahl ist. Der `+`-Operator wandelt dann nämlich den anderen Operator in eine Zahl um, sofern das möglich ist. Sie sehen das an der Ausgabe der folgenden beiden Anweisungen: Während `Debug.Print 10 & 7` den Text `107` ausgibt, weil beide Operanden als Zeichenketten behandelt und aneinandergehängt werden, addiert die danach folgende Zeile die beiden als Zahlen und gibt `17` aus. Der Operator `+` wird hier als mathematischer Operator verwendet. Das ändert sich selbst dann nicht, wenn Sie die eine Zahl in Anführungszeichen einfassen. In diesem Falle wird sie nämlich automatisch zu einer Zahl konvertiert und eine Addition durchgeführt.

```
Sub Verketten()
    Debug.Print "Teil 1 " & "Teil 2"
    Debug.Print "Teil 1 " + "Teil 2"
    Debug.Print 10 & 7
    Debug.Print 10 + 7
    Debug.Print "10" + 7
End Sub
```

■ Zeichenketten mit Funktionen bearbeiten

Oft kommt es vor, dass Sie Zeichenketten zerschneiden müssen oder prüfen möchten, ob eine bestimmte Teilzeichenkette vorhanden ist. Dazu benötigen Sie die beiden wichtigsten Funktionen zur Zeichenkettenverarbeitung: `Mid` und `InStr`.

Mit der `InStr`-Funktion prüfen Sie, ob eine bestimmte Zeichenkette in einer anderen enthalten ist. In diesem Falle gibt sie die Position des Zeichens zurück, bei dem die Teilzeichenkette beginnt. Gibt die `InStr`-Funktion 0 oder einen Wert kleiner als 0 zurück, wurde die Teilzeichenkette nicht gefunden. In der Funktion `Dateityp` wird die Funktion dazu genutzt, den Punkt in einem Dateinamen zu finden, um im nächsten Schritt die Dateiendung, z.B. „XLS" für Excel-Dateien, auszuschneiden und zurückzugeben. Sie übergeben der

Funktion dazu als ersten Parameter den Wert 1. Er bewirkt, dass mit der Suche beim ersten Zeichen begonnen wird. Danach folgt der zu durchsuchende Text und als drittes die zu suchende Zeichenfolge, hier also der Punkt. Den Rückgabewert der Funktion speichern Sie in einer Variablen des Typs `Long` oder `Integer`.

Sie benötigen diesen Wert für die `Mid`-Funktion. Mit ihrer Hilfe können Sie aus einer Zeichenkette eine Teilzeichenkette ermitteln. Sie ist definiert durch die Position, an der sie beginnt, und ihre Länge. Die `Mid`-Funktion gibt diese Teilzeichenkette zurück. Sie übergeben dazu als ersten Parameter den Dateinamen, weil dies die Zeichenkette ist, aus der die Teilzeichenkette ermittelt werden soll. Anschließend folgt die Position, an der

die Zeichenkette ausgeschnitten werden soll. Da in der Variablen `lngPos` die Position des Punktes steht, müssen Sie dazu 1 addieren, damit bei dem nach dem Punkt folgenden Zeichen begonnen wird. Mit dem letzten Parameter geben Sie die Länge der Teilzeichenfolge an. Diese Angabe kann aber auch entfallen, dann werden die Zeichen bis zum Ende der Zeichenkette zurückgegeben.

Rufen Sie die Funktion dann mit `Debug.Print Dateityp("Datei.xlsm")` auf, wird im Direktfenster „xlsm" ausgegeben.

```
Function Dateityp(strDateiname As String) As String
    Dim lngPos As Long
    lngPos = InStr(1, strDateiname, ".")
    Dateityp = Mid(strDateiname, lngPos + 1)
End Function
```

Verzweigungen und Schleifen

Verzweigungen und Schleifen gehören zu den wichtigsten Konstrukten zur Steuerung des Programmablaufs. Sie sind daher unbedingt notwendig, wenn Sie komplexere Anwendungen programmieren möchten.

Verzweigungen dienen dazu, abhängig von einer Bedingung alternative Anweisungen auszuführen, während Schleifen eingesetzt werden, um den gleichen Code mehrfach auszuführen.

Verzweigungen mit If

Es gibt verschiedene Verzweigungen; die wichtigsten werden mit dem Schlüsselwort `If` eingeleitet. Die Syntax für eine einfache `If`-Verzweigung lautet:

```
If Ausdruck Then
    Anweisungen
End If
```

Der Ausdruck muss ein boolescher Ausdruck sein, also den Wert `True` oder `False` zurückgeben. Die Anweisungen zwischen `Then` und `End If` werden ausgeführt, wenn der Ausdruck `Wahr` ist.

Sie können diese einfache `If`-Anweisung z.B. dazu verwenden, um die Funktion `Dateityp` aus dem vorherigen Abschnitt zu optimieren. Nachdem Sie die Position des Punktes ermittelt haben, fügen Sie eine `If`-Verzweigung ein. Als Ausdruck wählen Sie `lngPos > 0`. Er ist also dann wahr, wenn die Position des Punktes gefunden wurde – und nur dann wird der Dateityp ermittelt, indem die Anweisung innerhalb der If-Verzweigung ausgeführt wird.

```
Function Dateityp(strDateiname As String) As String
    Dim lngPos As Long
    lngPos = InStr(1, strDateiname, ".")
    If lngPos > 0 Then
        Dateityp = Mid(strDateiname, lngPos + 1)
    End If
End Function
```

Ist der Ausdruck einer If-Verzweigung nicht wahr, wird der Inhalt der Verzweigung übersprungen und mit der nächsten Anweisung nach End If fortgefahren. Für dieses Beispiel bedeutet dies, dass die Funktion eine leere Zeichenfolge zurückgibt, falls der Punkt nicht gefunden wurde.

Dies ist natürlich nicht immer erwünscht. Denkbar wäre auch, dass Sie in diesem Fall die komplette Zeichenkette zurückgeben, die als Parameter übergeben wurde. Dazu müssen Sie die erweiterte Version der If-Verzweigung verwenden, die zusätzlich über einen Else-Zweig verfügt. Die Anweisungen im Else-Zweig werden ausgeführt, wenn der Ausdruck nicht wahr ist:

```
If Ausdruck Then
    Anweisungen
Else
    Anweisungen
End If
```

Sie könnten also den Code wie folgt ergänzen, um den Parameter strDateiname zurückzugeben, falls kein Punkt im Dateinamen gefunden wird:

```
Function Dateityp(strDateiname As String) As String
    Dim lngPos As Long
    lngPos = InStr(1, strDateiname, ".")
    If lngPos > 0 Then
        Dateityp = Mid(strDateiname, lngPos + 1)
    Else
        Dateityp = strDateiname
    End If
End Function
```

Verzweigungen verschachteln

Es gibt durchaus Situationen, in denen Sie mit einer Verzweigung nicht hinkommen, weil mehrere Bedingungen zu prüfen sind. Dazu gibt es mehrere Möglichkeiten. Sie kombinieren mehrere einfache Ausdrücke zu einem komplexen und prüfen diesen in der Verzweigung oder Sie verschachteln Verzweigungen.

Stellen Sie sich vor, Sie haben einen Dateinamen wie Dies.ist-ein-test.xls und wollten davon die Dateinamenserweiterung ermitteln. Mit der bisherigen Funktion würden Sie als Ergebnis „ist-ein-test.xls" erhalten. Die Lösung wäre, in dem Teil der Verzweigung der feststellt, dass ein Punkt vorhanden ist, noch einmal zu prüfen, ob es einen zweiten gibt und den Wert der Variablen lngPos zu korrigieren. Dazu fügen Sie in den If-Zweig der Verzweigung eine zweite If-Verzweigung ein. In dieser prüfen Sie, ob im vorläufigen Rückgabewert immer noch ein Punkt vorkommt. Falls ja, ermittelt Sie wieder die Position des Punktes und einen neuen Rückgabewert.

Die innere if-Anweisung wird nur dann ausgeführt, wenn der Ausdruck der äußeren wahr ist.

```
Function Dateityp(strDateiname As String) As String
    Dim lngPos As Long
    lngPos = InStr(1, strDateiname, ".")
    If lngPos > 0 Then
        Dateityp = Mid(strDateiname, lngPos + 1)
        If InStr(1, Dateityp, ".") > 0 Then
            'Weiterer Punkt vorhanden
            lngPos = InStr(1, Dateityp, ".")
        End If
    Else
        Dateityp = strDateiname
    End If
End Function
```

Alternativ gibt es in manchen Fällen die Möglichkeit, einen komplexeren Ausdruck zu formulieren und auf die innere Schleife zu verzichten. Das hängt aber von dem zu lösenden Problem ab. Es werden dazu noch Beispiele folgen.

Schleifen – Code mehrfach ausführen

Schleifen dienen dazu, Code mehrfach auszuführen. Wie oft er ausgeführt wird, hängt von der Schleife und deren Abbruchbedingungen ab.

Beim Programmieren von Schleifen kommt es am Anfang oft vor, dass Sie versehentlich eine Endlosschleife programmieren. Sie merken das daran, dass die Entwicklungsumgebung und Excel nicht mehr reagieren. Drücken Sie in diesem Fall [ESC], wird die Schleife abgebrochen. Alternativ können Sie die Schaltfläche BEENDEN in der Entwicklungsumgebung nutzen.

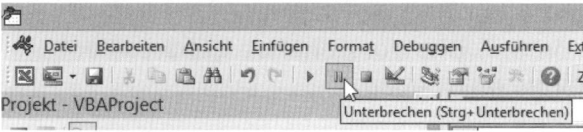

Do-Schleifen

Bei den Schleifen gibt es in VBA enorm viel Auswahl. Sie müssen nun aber nicht unbedingt alle Schleifen kennen, um effektiv mit VBA zu programmieren. Stellvertretend lernen Sie nachfolgend eine abweisende und eine nicht abweisende Do-Schleife kennen.

Jede Schleife besteht aus einem Schleifenkopf, einem Schleifenrumpf und dem Schleifenfuß. Der Schleifenrumpf enthält die Anweisungen, die wiederholt ausgeführt werden sollen. Der Schleifenkopf besteht aus dem Schlüsselwort, das die Schleife einleitet und eventuell einem booleschen Ausdruck. Der Schleifenfuß besteht aus dem Schlüsselwort, das die Schleife beendet, und eventuell einem booleschen Ausdruck.

Ob der boolesche Ausdruck im Schleifenkopf oder im Schleifenfuß steht, hängt von der Schleife ab. In jedem Fall gibt es aber immer nur einen Ausdruck. Er legt bei einer abweisenden Schleife fest, ob der Schleifenrumpf ausgeführt wird, bzw. beim Schleifenfuß, wann die Schleife wieder verlassen wird.

Der Unterschied zwischen abweisenden und nicht abweisenden Schleifen besteht darin, dass bei einer abweisenden Schleife der Ausdruck vor Betreten des Schleifenrumpfes geprüft wird. Das kann dazu führen, dass die Anweisungen im Schleifenrumpf gar nicht ausgeführt werden.

Eine nichtabweisende Schleife wird immer mindestens einmal durchlaufen, weil erst im Schleifenfuß ein Ausdruck geprüft wird, der bestimmt, ob die Schleife verlassen wird. Eine typische abweisende Schleife ist die Do-While-Loop-Schleife. Ihre Syntax lautet:

```
Do While Ausdruck
        Anweisungen
Loop
```

Die Anweisungen im Schleifenrumpf werden ausgeführt, also die Schleife betreten, wenn der Ausdruck wahr ist. Der Schleifenrumpf wird solange wiederholt, bis der Ausdruck den Wert False erreicht. Sie müssen also dafür sorgen, dass irgendwann die Eintrittsbedingung nicht mehr erfüllt ist, der Ausdruck also den Wert False annimmt.

Sie können eine solche Schleife z.B. einsetzen, um noch einmal die Funktion Dateityp zu verbessern. Ist ein Punkt vorhanden, nutzen Sie die Schleife, um solange den Teil der Zeichenkette nach dem Punkt zu ermitteln, bis kein Punkt mehr vorhanden ist.

Dazu kann dann die bisherige Verzweigung komplett entfallen. Sie definieren zunächst wieder eine Variable lngPos. Ihr weisen Sie mit der bereits vorher genutzten Anweisung die Position des Punktes zu. Anschließend weisen Sie aber jetzt dem Rückgabewert der Funktion den Parameter strDateiname zu. Dadurch kann der Else-Zweig entfallen. Denn auch, wenn die Schleife nicht betreten wird, weil kein Punkt vorhanden ist, soll ja der Dateiname zurückgegeben werden.

Nun folgt die Schleife. Sie wird betreten, solange der Wert von lngPos größer als 0 ist. Wenn das der Fall ist, wird innerhalb der Schleife der Teil der ursprünglichen Zeichenfolge nach dem Punkt zurückgegeben und in der zweiten Anweisung die Position des nächstens Punktes berechnet.

Jetzt gibt es zwei Möglichkeiten. Entweder ist noch ein Punkt im bisherigen Rückgabewert vorhanden. Dann hat lngPos einen Wert größer als 0 und die Schleife wird erneut durchlaufen oder es gibt keinen Punkt mehr, dann ist lngPos jetzt 0 bzw. -1 und die Schleife wird nicht mehr ausgeführt. Der Code wird nach dem Schleifenfuß weiter ausgeführt. In diesem Fall ist damit das Funktionsende erreicht.

```
Function Dateityp(strDateiname As String) As String
    Dim lngPos As Long
    lngPos = InStr(1, strDateiname, ".")
    Dateityp = strDateiname
    Do While lngPos > 0
        Dateityp = Mid(Dateityp, lngPos + 1)
        lngPos = InStr(1, Dateityp, ".")
    Loop
End Function
```

Mit deutlich weniger Code können Sie das Problem mit dem Dateityp so umfassend lösen.

Es gibt allerdings Probleme, die Sie besser mit einer nichtabweisenden Schleife lösen können. Das vorstehende gehört allerdings nicht dazu.

Eine typische nicht abweisende Schleife ist die Do-Loop-Until-Schleife. Sie wird so oft ausgeführt, bis der Ausdruck hinter Until wahr ist.

Sie funktioniert ganz ähnlich, mit dem Unterschied, dass im Schleifenkopf nur das Schlüsselwort Do steht, und im Schleifenfuß die Austrittsbedingung. Die Funktion Dateityp mit einer nichtabweisenden Schleife, sähe daher wie folgt aus.

```
Function Dateityp3(strDateiname As String) As String
    Dim lngPos As Long
    lngPos = InStr(1, strDateiname, ".")
    Dateityp3 = strDateiname
    Do
        Dateityp3 = Mid(Dateityp3, lngPos + 1)
        lngPos = InStr(1, Dateityp3, ".")
    Loop Until lngPos < 1
End Function
```

Auch hier ermitteln Sie vor der Schleife die Position des Punktes und schneiden innerhalb der Schleife den Teil nach dem Punkt aus. Ist dort wieder ein Punkt vorhanden, wird die Schleife nicht verlassen, sondern erneut durchlaufen. Es ergibt sich allerdings ein Problem. Wenn im ursprünglichen Dateinamen kein Punkt vorhanden ist, wird die Schleife dennoch betreten und die Anweisung

Dateityp3=Mid(Dateityp3, lngPos+1) würde eine Fehlermeldung erzeugen. Sie brauchen dann also wieder eine zusätzliche If-Verzweigung, um diese Fehlerquelle auszuschalten.

```
Function Dateityp3(strDateiname As String) As String
    Dim lngPos As Long
    lngPos = InStr(1, strDateiname, ".")
    Dateityp3 = strDateiname
    Do
        If lngPos > 0 Then
            Dateityp3 = Mid(Dateityp3, lngPos + 1)
            lngPos = InStr(1, Dateityp3, ".")
        End If
    Loop Until lngPos < 1
End Function
```

Sie sehen daran schon: optimal ist eine nichtabweisende Schleife nicht für diese Aufgabe.

■ Zählschleifen

Neben den Do-Schleifen, die Sie nun schon kennen, gibt es auch Zählschleifen. Sie sind gerade bei der Arbeit in Excel-Dateien sehr wichtig, weil Sie sie gut nutzen können, um Zellbereiche zu durchlaufen. Sie zählen immer eine Zählvariable von einem Anfangs- zu einem Endwert. Daher lassen sie sich nur sinnvoll einsetzen, wenn Sie schon zur Entwurfszeit wissen, wie oft die Schleife durchlaufen werden soll.

Als Entwurfszeit wird der Zeitpunkt der Codeerstellung bezeichnet, während die Laufzeit der Zeitpunkt ist, zu dem der Code ausgeführt wird.

VBA kennt zwei Typen von Zählschleifen: eine mit einer expliziten Zählvariable (For-To-Next) sowie eine, die Objektlisten durchläuft – die For-Each-Next-Schleife. Letztere wird an dieser Stelle ausgespart. Beispiele dazu folgen noch im Abschnitt „Zugreifen auf Excel-Daten" auf Seite 31. Die For-To-Next-Schleife hat folgenden Aufbau:

```
For Variable=Anfangswert To Endwert
    Anweisungen
Next Variable
```

Sie benötigen also grundsätzlich eine Variable, die von einem Anfangswert zu einem Endwert hochgezählt wird. Diese Variable muss einen numerischen Typ haben. Möchten Sie mit Hilfe der For-Schleife die Summe aller Zahlen von 1 bis

10 bilden, müssen Sie die Zählvariable also von 1 bis 10 zählen. Innerhalb der Schleife können Sie dann den Wert der Zählvariablen abrufen und zum Funktionswert addieren, um die Summe zu bilden.

Anders als bei einer Do-Schleife müssen Sie nicht selbst dafür sorgen, dass die Zählvariable erhöht wird. Das macht VBA selbst, wenn die Anweisung Next intI erreicht ist.

```
Function Summe()
    Dim intI As Integer
    For intI = 1 To 10
        Summe = Summe + intI
    Next intI
End Function
```

Die Zählvariable muss aber nicht immer um 1 erhöht werden. Sie können auch bestimmen, um welchen Wert sie nach jedem Schleifendurchlauf erhöht wird. Dazu fügen Sie nach dem Zielwert die optionale Step-Angabe an. Mit der folgenden Variante der Schleife können Sie jede zweite Zahl addieren, weil nach jedem Schleifendurchlauf die Zählvariable intI um 2 erhöht wird. Sie hat damit die Werte 1, 3, 5, 7 und 9. Danach wird die Schleife abgebrochen, weil die nächste Zahl 11 wäre, was über dem definierten Endwert liegt.

```
Function Summe2()
    Dim intI As Integer
    For intI = 1 To 10 Step 2
        Summe2 = Summe2 + intI
    Next intI
End Function
```

Die Step-Angabe muss nicht immer einen ganzzahligen Wert enthalten. Sie können auch eine Dezimalzahl addieren. Allerdings setzt das voraus, dass die Zählvariable auch Dezimalzahlen speichern kann – nicht nur ganze Zahlen, wie beim Typ Integer.

Außerdem können Sie die Schleife auch rückwärts zählen lassen. Wichtig ist dabei aber, dass dann auch der Anfangswert höher als der Endwert sein muss, weil sonst der Endwert bei negativer `Step`-Angabe nicht erreicht werden kann. Das führt dazu, dass die Schleife nicht betreten wird.

Natürlich ist es nicht in jedem Fall sinnvoll, sowohl den Anfangs- wie auch den Endwert als konstante Zahl zu definieren. Viel häufiger wird es vorkommen, dass dies Variablen sind, zumindest einer der Werte. Die folgende Variante zeigt, wie der Anfangswert über einen Parameter bestimmt werden kann. Er wird immer bis zum Endwert 1 gezählt. Soll das funktionieren, müssen Sie aber innerhalb der Funktion prüfen, ob der Parameter größer oder kleiner als 1 ist, und die passende `Step`-Angabe formulieren. Zunächst prüft die Funktion also, ob der Parameter größer als 1 ist. Ist das der Fall, wird die Variable `intSchritt` auf -1 festgelegt, um abwärts zu zählen – andernfalls auf 1. Im Kopf der `For`-Schleife müssen Sie dann anstelle des konstanten Anfangswertes und der `Step`-Angabe nur die entsprechende Variable angeben.

```
Function Summe3(intAnfangswert As Integer)
    Dim intSchritt As Integer
    Dim intI As Integer
    If intAnfangswert > 1 Then
        intSchritt = -1
    Else
        intSchritt = 1
    End If
    For intI = intAnfangswert To 1 Step intSchritt
        Summe3 = Summe3 + intI
    Next intI
End Function
```

Zugreifen auf Excel-Daten

Was Sie bisher über VBA gelernt haben, bezog sich ausschließlich auf die Sprache VBA. Alle Beispiele funktionieren daher gleichermaßen in Word wie in Excel oder PowerPoint. Wichtig ist nur, dass es sich um eine VBA-Hostanwendung handelt. Auch Microsoft Visio 2002 und höher oder CorelDraw 10/11 können also den Code ausführen.

Objektorientierte Programmierung

Was VBA so interessant macht, ist allerdings nicht die Sprache an sich. Da haben andere Programmiersprachen wie Visual Basic oder die .NET-Sprachen wesentlich mehr zu bieten.

Mit VBA lassen sich recht schnell Anwendungen entwickeln, weil die VBA-Hostanwendung ein Objektmodell zur Verfügung stellt. Sie müssen also nicht jedes Mal das Rad neu erfinden, wenn Sie eine Routine zum Sortieren von Daten erstellen möchten; stattdessen können Sie auf die Sortieren-Funktion von Excel oder Word zugreifen, ja nachdem in welcher VBA-Hostanwendung Sie den Code ausführen. Basis dafür ist das Objektmodell der VBA-Hostanwendung.

> Im Objektmodell werden alle Objekte, Methoden und Eigenschaften der VBA-Hostanwendung hierarchisch organisiert.

Aber was ist ein Objekt überhaupt? Im Prinzip ist die Sache ganz einfach. Es handelt sich um eine Einheit aus Daten und darauf anwendbaren Methoden, die eine abgrenzbare Einheit der VBA-Hostanwendung darstellt. So gibt es z.B. ein Objekt `Range`, das eine Zelle oder einen Zellbereich von Excel darstellt. Es verfügt daher über Daten, die es beschreiben – etwa die Zeilen und Spaltennummer, die definieren, um welche Zelle es sich handelt.

> Diese Daten werden Eigenschaften genannt.

Des Weiteren verfügen die meisten Objekte auch über Methoden. Das sind Funktionen oder Prozeduren, die auf das Objekt angewendet werden und die Daten des Objektes verändern. Das `Range`-Objekt verfügt z.B. über die Methode `Clear`, mit der alle Inhalte des Zellbereichs gelöscht werden können. Damit ändern sich die Eigenschaften des Objekts natürlich auch, weil die `Value`-Eigenschaft, die den Inhalt der Zelle angibt, in diesem Fall auf eine leere Zeichenfolge zurückgesetzt wird.

> Methoden verändern also ein Objekt.

Gerade zu Beginn ist es für die meisten sehr schwierig, die richtigen Objekte, Methoden und Eigenschaften zu finden, um die gewünschte Funktion zu programmieren. Mit VBA und der dort vorhandenen Programmierhilfe IntelliSense ist das aber kein großes Problem, wenn Sie die Variablen gleich mit dem richtigen Objekttyp deklarieren. Dann zeigt Ihnen IntelliSense die verfügbaren Methoden und Eigenschaften an. Das Problem besteht also vornehmlich darin, das richtige Objekt zu finden. Und hier bieten sich zwei Wege an: der Makrorekorder und der Objektkatalog.

Makros mit dem Makrorekorder aufzeichnen

Der Makrorekorder von Excel bietet die Möglichkeit, Makros aufzuzeichnen. Ist er aktiv, zeichnet er den VBA-Code für fast alle Aktionen auf, die Sie innerhalb von Excel machen. Wenn Sie sich anschließend den Code ansehen, können Sie ihm wichtige Methoden und Objekt entnehmen.

> Die aufgezeichneten VBA-Befehle sind allerdings in der Regel nicht optimal. Der Recorder erzeugt oft mehr Code als notwendig ist – und vor allem selektiert er Zellen und Zellenbereiche, auf die Sie zugreifen möchten. Das macht diesen Code sehr langsam. Sie sollten ihn daher immer nur als „Anregung" verstehen.

■ Den Makrorekorder in die Schnellstartleiste integrieren

Leider verstecken sich die Befehle zum Aufzeichnen und Bearbeiten von Makros auf der Registerkarte ANSICHT ganz rechts in der Gruppe MAKROS; sehr umständlich.

Wenn Sie häufig Makros aufzeichnen und bearbeiten möchten, empfehle ich, beide Befehle in die Schnellstartleiste einzufügen. Gehen Sie dazu wie folgt vor:

1. Klicken Sie auf die kleine Pfeilschaltfläche am Ende der Schnellstartleiste.

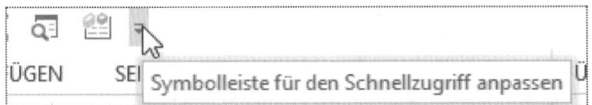

2. Klicken Sie auf WEITERE BEFEHLE.
3. Wählen Sie aus dem Listenfeld BEFEHLE AUSWÄHLEN den Eintrag REGISTERKARTE ENTWICKLERTOOLS aus.
4. Wählen Sie aus dem Listenfeld darunter den Eintrag MAKRO AUFZEICHNEN aus und klicken Sie dann rechts daneben auf HINZUFÜGEN.
5. Verfahren Sie genauso mit dem Befehl MAKROS ANZEIGEN.
6. Klicken Sie unten rechts auf OK.

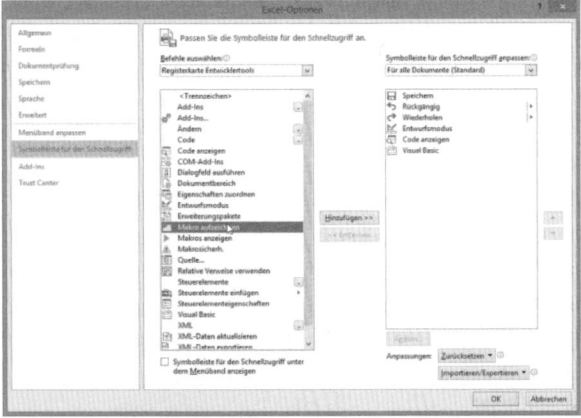

Nun erscheinen zwei neue Schaltflächen in der Schnellstartleiste. Klicken Sie MAKRO AUFZEICHNEN an, um den Makrorekorder zu starten.

■ Ein Makro aufzeichnen

Wenn Sie ein Makro aufzeichnen möchten, klicken Sie auf MAKRO AUFZEICHNEN.

1. Nun erscheint ein Dialogfeld, in dem Sie den Namen des Makros eingeben

müssen und eine Beschreibung erfassen können.

2. Geben Sie in das Feld MAKRONAME den Namen für das Makro ein. Dieser muss aus Buchstaben und Ziffern und ohne Leerzeichen und Sonderzeichen bestehen.

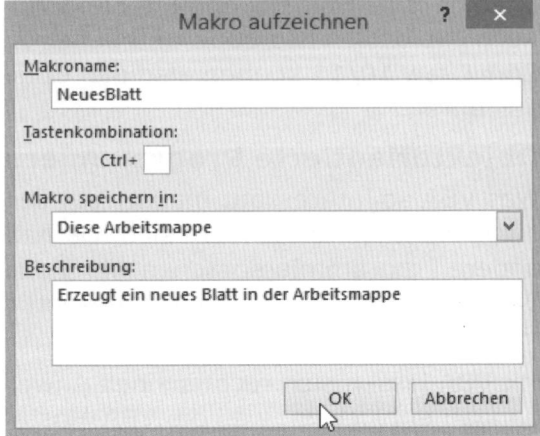

3. Klicken Sie auf OK, um das Dialogfeld zu schließen.
4. Nun führen Sie einfach die Aktionen aus, die aufgezeichnet werden sollen, beispielsweise erzeugen Sie einfach ein neues Blatt in der Arbeitsmappe und benennen Sie es dann um.
5. Wenn Sie damit fertig sind, und die Aufzeichnung beenden möchten, klicken Sie erneut auf den Button in der Schnellstartleiste.

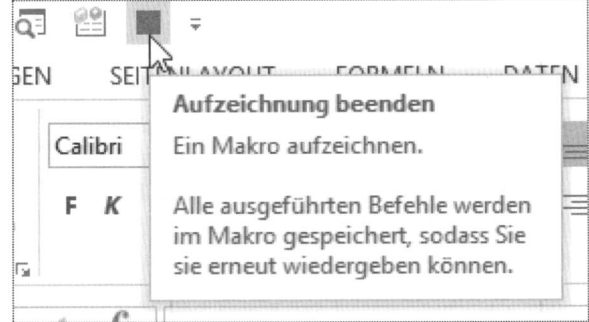

■ Der Code im Detail

Wenn Sie nun in die Entwicklungsumgebung wechseln, sehen Sie den aufgezeichneten Code.

In der ersten Zeile nach dem Kommentaren am Anfang der Prozedur steht der Befehl `Sheets.Add After:=ActiveSheet`. Er dient dazu, mit der Methode `Add` ein

```
Sub BlattErzeugen()
'
' BlattErzeugen Makro
' Erzeugt ein neues Blatt in der Arbeitsmappe
'

'
    Sheets.Add After:=ActiveSheet
    Sheets("Tabelle2").Select
    Sheets("Tabelle2").Name = "Das neue Blatt"
End Sub
```

neues Blatt an die `Sheets`-Auflistung anzufügen. Auflistungen oder Listenobjekte sind geordnete Listen gleichartiger Objekte. Die `Sheets`-Liste, beinhaltet beispielsweise alle Blätter einer Arbeitsmappe. Jedes einzelne stellt ein `Sheet`-Objekt dar, das in der `Sheets`-Auflistung verwaltet wird. Der Parameter `After:=ActiveSheet` legt fest, dass das neue Blatt hinter dem aktiven Blatt eingefügt werden soll.

`Add` ist eine Methode, die Sie auf das `Sheets`-Objekt anwenden.

> Objekte und Methoden werden, wie auch Objekte und Eigenschaften, grundsätzlich durch einen Punkt voneinander getrennt.

Die zweite Anweisung sorgt dafür, dass das neu eingefügt Blatt ausgewählt wird. Das entspricht dem aktivieren des Blattes durch Anklicken des Registers.

In der dritten Zeile weist das Makro dem neuen, inzwischen ausgewählten Blatt einen neuen Namen zu, indem der `Name`-Eigenschaft eine Zeichenkette zugewiesen wird.

Wie Sie sehen, kann der Makrorekorder durchaus behilflich sein, wichtige Methoden, Objekte und Eigenschaften zu finden. Der aufgezeichnete Code ist aber nicht in jedem Fall optimal.

Der Objektkatalog

Der Objektkatalog ist ganz nützlich, wenn Sie schon wissen, oder zumindest vermuten, wie das Objekt heißt, dass Sie benötigen. In diesem Fall können Sie alle Methoden, Eigenschaften und Konstanten

ansehen und erhalten obendrein eine kurze Erläuterung.

Sie rufen den Objektkatalog wie folgt auf:

1. Wechseln Sie in die Entwicklungsumgebung.
2. Wählen Sie ANSICHT | OBJEKTKATALOG bzw. drücken Sie F2.

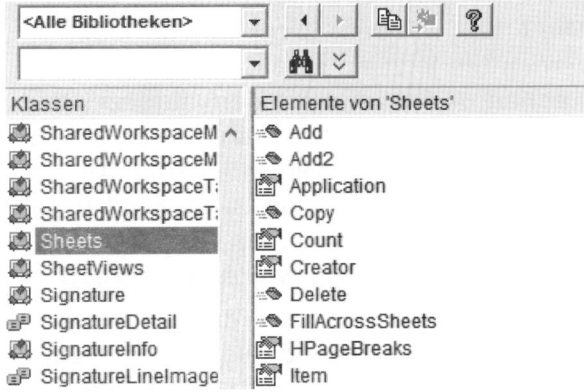

3. Wenn Sie sich nur für die Objekte von Excel interessieren, sollten Sie in der Auswahlliste am oberen Fensterrand den Eintrag EXCEL auswählen.
4. Klicken Sie in der Liste KLASSEN den Eintrag GLOBAL an, werden in der rechten Liste alle Elemente des `Application`-Objekts von Excel angezeigt.
5. Markieren Sie nun in der rechten Liste die Eigenschaft oder Methode, zu der Sie Informationen benötigen, werden im unteren Fensterbereich die vorhandenen Informationen angezeigt.

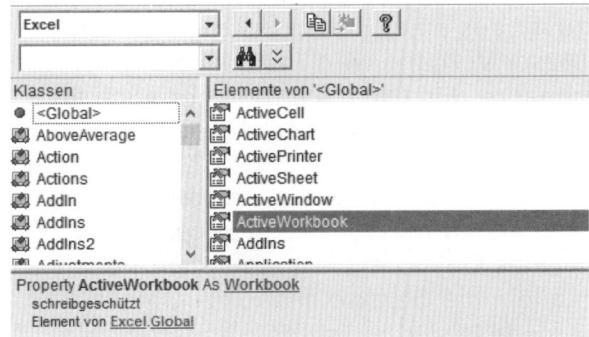

Der Beschreibung `Property ActiveWorkbook As Workbook` in der Abbildung können Sie z.B. entnehmen, dass es sich bei `ActiveWorkbook` um eine Eigenschaft (=Property) handelt und dass sie ein

`Workbook`-Objekt (`As Workbook`) zurückgibt.

> Zu dem ausgewählten Element können Sie die Hilfe aufrufen, indem Sie auf die Schaltfläche mit dem Fragezeichen klicken.

Arbeiten mit Excel-Objekten

Die Arbeit mit dem Excel-Objektmodell lernen Sie jetzt an einem kleinen Beispiel kennen. Aufbauend auf dem aufgezeichneten Makro soll Code erstellt werden, der alle Blätter der aktiven Arbeitsmappe durchläuft und prüft, ob es ein Blatt mit der Nummer des aktuellen Monats schon gibt. Falls nicht, soll es erzeugt werden.

Dies ist eines der Standardprobleme in der Excel-Programmierung, ein Blatt nur dann zu erzeugen, wenn es nicht vorhanden ist. Basis dazu ist die `Sheets`-Auflistung, die Sie eben schon kennengelernt haben.

■ Objektvariablen nutzen

Möchten Sie Objekte verwenden, benötigen Sie irgendwann eine besondere Art von Variablen: die Objektvariablen. Wie andere Variablen werden auch sie mit `Dim` deklariert. Statt des Variablentyps geben Sie nun aber eine Klasse an.

> Klassen definieren das Aussehen eines Objektes – sie geben also an, welche Methoden und Eigenschaften das Objekt hat. Damit ein Objekt existiert, muss es zuvor aus einer Klasse erzeugt werden. Dieser Vorgang wird *Instanziierung* genannt. Ein Objekt wird daher auch als Instanz der Klasse bezeichnet.

> Anders als in anderen Programmiersprachen müssen Sie in Excel nicht jedes Objekt explizit erzeugen. Vor allem die Objekte des Excel-Objektmodells sind meistens standardmäßig vorhanden.

> Wenn Sie ein Problem mit VBA lösen möchten, ist es sinnvoll, wenn Sie sie sich vorher über die Vorgehensweise im Klaren sind und sich dazu Notizen machen.

Anstelle von Notizen auf Papier, können Sie auch ganz einfach einen durch Kommentare gegliederten Entwurf der Prozedur oder Funktion erstellen. Diesen füllen Sie dann nach und nach mit Inhalt. Für das Beispiel sähe das wie folgt aus. Zunächst deklarieren Sie die notwendigen Variablen. Danach durchlaufen Sie die Auflistung aller Tabellenblätter, indem Sie die Worksheets-Auflistung in einer Schleife durchlaufen. Innerhalb der Schleife prüfen Sie, ob das gesuchte Blatt vorhanden ist. Falls ja, geben Sie die Variablen frei und verlassen die Prozedur. Falls das Blatt nicht vorhanden ist, erzeugen Sie das Blatt und geben danach die Variablen frei.

```
Sub Blatterzeugen2()
    'Variablendeklarationen

    'Alle Blätter durchlaufen

    'Variablen freigeben und Prozedur _
    'verlassen, falls gefunden

    'Blatt erzeugen falls nicht gefunden

    'Variablen freigeben
End Sub
```

Jetzt füllen Sie einfach das Gerüst nach und nach mit Inhalten und sollten dabei auch mit der Variablendeklaration beginnen.

Sie benötigen zwei Objektvariablen, sowie eine Variable des Typs `String`, um eine Zeichenkette zu speichern. Das ist hier im Code die Variable `strBlattname`. Ihr weisen Sie nach der Deklaration mit der Anweisung `strBlattname = Month(Date)` den Monat aus dem aktuellen Datum zu, den Sie mit der `Month`-Funktion ermitteln.

Die beiden Variablen `objBlatt` und `objNeuesBlatt` sind sogenannte Objektvariablen. Als Variablentyp weisen Sie ihnen bei der Deklaration mit `Dim` die Klasse `Worksheet` zu.

> `Worksheet`-Objekte werden in der `Worksheets`-Auflistung von Excel verwaltet und stellen Tabellenblätter dar. Die `Worksheets`-Auflistung enthält alle Tabellenblätter einer Arbeitsmappe.

Im Beispiel wird die Variable `objBlatt` dazu verwendet die `Worksheets`-Auflistung in einer Schleife zu durchlaufen. Die Variable `objNeuesBlatt` speichert später das neu erzeugte Blatt.

> Es ist durchaus sinnvoll, Variablen nach einem einheitlichen Schema zu benennen. Nutzen Sie beispielsweise die ersten drei Zeichen des Variablennamens, um den Datentyp zu kennzeichnen. Dann haben Sie es in längeren Prozeduren mit vielen Variablennamen leichter, den Variablen auch die richtigen Werte zuzuweisen, weil Sie schon am Variablennamen erkennen können, wo Zahlen, Text oder Objekte gespeichert werden können.

```
Sub Blatterzeugen2()
    'Variablendeklarationen
    Dim strBlattname As String
    Dim objBlatt As Worksheet
    Dim objNeuesBlatt As Worksheet
    strBlattname = Month(Date)

    'Alle Blätter durchlaufen

    'Variablen freigeben und Prozedur _
    'verlassen, falls gefunden
    Set objBlatt = Nothing
    Set objNeuesBlatt = Nothing
    Exit Sub
    'Blatt erzeugen falls nicht gefunden

    'Variablen freigeben
    Set objBlatt = Nothing
    Set objNeuesBlatt = Nothing

End Sub
```

Objektvariablen, die Sie deklarieren, sollten Sie in VBA auch am Ende der Prozedur wieder aus dem Speicher entfernen.

Das geschieht, indem Sie ihnen mit dem `Set`-Operator den Wert `Nothing` (=Nichts) zuweisen. Nur Objektvariablen, die kein Objekt mehr speichern, werden vom System automatisch gelöscht. In längeren Prozeduren können sich sonst schnell massig Objektvariablen im Speicher ansammeln, die dann zu Engpässen der Ressourcen führen.

> Zuweisungen an Objektvariablen werden nicht mit dem Zuweisungsoperator = vorgenommen, sondern der Zuweisung müssen Sie das Schlüsselwort `Set` voranstellen.

Wenn das Blatt gefunden wurde, und kein neues erzeugt werden muss, können Sie vorzeitig die Schleife und die Prozedur verlassen. Dazu verwenden Sie die Exit Sub-Anweisung. Sie sorgt dafür, dass die Prozedur verlassen wird, egal, ob danach noch Code folgt.

■ Objektlisten durchlaufen

Nun kommen wir zum wesentlichen Teil. Um festzustellen, ob es ein Tabellenblatt, mit einem bestimmten Namen gibt, müssen Sie alle Tabellenblätter der Arbeitsmappe durchlaufen. Für jedes Blatt fragen Sie den Blattnamen ab und prüfen, ob es der gesuchte ist. Falls ja, kann die Schleife und die Prozedur verlesen werden. Falls nein, wird das nächste Blatt geprüft. Wenn auf diese Weise alle Blätter überprüft sind und das gesuchte Blatt nicht vorhanden ist, wird der Code mit den Anweisungen nach der Schleife fortgesetzt.

Im Detail sieht die Schleife, die Sie dafür brauchen, wie folgt aus.

Sie verwenden eine For-Each-Schleife. Sie dient grundsätzlich dazu, Listenobjekte zu durchlaufen. Dabei werden generell alle Elemente der Liste durchlaufen. Nach dem Schlüsselwort `Each` folgt eine Schleifenvariable.

Das ist eine Variable, die das aktuelle Element der Liste speichert, das innerhalb des Schleifendurchlaufs verwendet wird.

Sie muss folglich einen Datentyp haben, der den Listenelementen entspricht. Im Beispiel wurde sie daher vom Typ `Worksheet` deklariert, denn die mit der Schleife durchlaufene `Worksheets`-Auflistung enthält die Tabellenblätter in Form von `Worksheet`-Objekten.

Der Ausdruck `ThisWorkbook.Worksheets` gibt diese Auflistung zurück. Dabei ist

`Thisworkbook` ein Objekt, das die Arbeitsmappe darstellt, die den Code enthält. Ihre Eigenschaft `Worksheets` gibt die Auflistung der `Worksheet`-Objekte zurück.Die erste Zeile der Schleife lässt sich damit wie folgt übersetzen: „Durchlaufe die Worksheets-Auflistung und mach für jeden Wert in `objBlatt` folgendes:"

Abgeschlossen wird die Schleife mit `Next objBlatt`. Diese Anweisung bewirkt, dass der Schleifenvariablen der nächste Wert des Listenobjekts zugewiesen wird.

Innerhalb der Schleife geben Sie nun die Anweisungen ein, die prüfen, ob das Blatt den gesuchten Namen hat, der in der Variablen `strBlattname` gespeichert ist.

Dazu nutzen Sie einfach eine If-Verzweigung und prüfen in der Bedingung, ob die `Name`-Eigenschaft des `Worksheets`-Objektes identisch mit dem Wert der Variablen ist. Ist der Ausdruck `objBlatt.Name=strBlattname` wahr, ist das Blatt vorhanden und sie brauchen nicht mehr weiter danach zu suchen. Sie können also wie vorstehend erläutert, die Objektvariablen auf `Nothing` setzen und die Prozedur mit `Exit Sub` verlassen.

```
'Alle Blätter durchlaufen
For Each objBlatt In ThisWorkbook.Worksheets
    'Prüfen, ob das Blatt den gewünschten Namen hat
    If objBlatt.Name = strBlattname Then
        'Variablen freigeben und Prozedur verlassen
        Set objBlatt = Nothing
        Set objNeuesBlatt = Nothing
        Exit Sub
    End If
Next objBlatt
'Blatt erzeugen falls nicht gefunden
```

Nun müssen Sie nur noch nach dem Ende der Schleife den Code ergänzen, mit dem Sie das Blatt erzeugen. Dazu reichen zwei Zeilen Code aus. Die erste, `Set objNeuesBlatt = ThisWorkbook.Worksheets.Add()` macht zwei Dinge.

- mit `ThisWorkbook.Worksheets.Add()` erzeugt sie ein neues `WorkSheet`-Objekt und fügt es der Liste hinzu und gibt das erzeugte Objekt zurück.
- `Set objNeuesBlatt=` sorgt dafür, dass der Rückgabewert, also das erzeugte

Blatt der Variablen `objNeuesBlatt` zugewiesen wird, so dass Sie anschließend über die Variable auf das neue Blatt zugreifen können.

Wenn Excel ein neues Blatt erzeugt, egal ob Sie das über VBA-Code machen, oder über die Benutzeroberfläche von Excel, bekommt das Blatt den Standardnamen „Tabelle" gefolgt von einer fortlaufenden Nummer. Die zweite Anweisung `objBlatt.Name=strBlattname` sorgt nun dafür, dass dem neuen Blatt der gewünschte Name zugewiesen wird. Damit ist die Prozedur dann fertig und sollte wie folgt aussehen:

```
Sub Blatterzeugen2()
    'Variablendeklarationen
    Dim strBlattname As String
    Dim objBlatt As Worksheet
    Dim objNeuesBlatt As Worksheet
    strBlattname = Month(Date)

    'Alle Blätter durchlaufen
    For Each objBlatt In ThisWorkbook.Worksheets
        'Prüfen, ob das Blatt den gewünschten Namen hat
        If objBlatt.Name = strBlattname Then
            'Variablen freigeben und Prozedur verlassen
            Set objBlatt = Nothing
            Set objNeuesBlatt = Nothing
            Exit Sub
        End If
    Next objBlatt
    'Blatt erzeugen falls nicht gefunden
    Set objNeuesBlatt = ThisWorkbook.Worksheets.Add()
    objNeuesBlatt.Name = strBlattname

    'Variablen freigeben
    Set objBlatt = Nothing
    Set objNeuesBlatt = Nothing

End Sub
```

> Wenn Sie die Prozedur noch flexibler einsetzen möchten, löschen Sie die Zeile `strBlattname= Month(Date)` sowie die Variablendeklaration `Dim strBlattname As String` und definieren Sie stattdessen einen Parameter für die Prozedur, so dass Sie den Blattnamen als Wert übergeben können.

```
Sub Blatterzeugen2(strBlattname As String)
    'Variablendeklarationen
    Dim objBlatt As Worksheet
    Dim objNeuesBlatt As Worksheet

    'Alle Blätter durchlaufen
    For Each objBlatt In ThisWorkbook.Worksheets

        'Prüfen, ob das Blatt den gewünschten Namen hat
        If objBlatt.Name = strBlattname Then
            'Variablen freigeben und Prozedur verlassen
            Set objBlatt = Nothing
            Set objNeuesBlatt = Nothing
```

■ Zugreifen auf Zellbereiche

Wenn Sie vollautomatisch ein neues Blatt erstellen, dann soll das in der Regel nicht leer sein. Sicherlich wird es erzeugt, weil Sie bestimmte Daten darin ausgeben möchten. Nehmen Sie an, Sie wollen in dem Blatt Arbeitszeiten erfassen und am Blattanfang sollen in der ersten Zeile die Spaltentitel stehen, die auch farbig unterlegt werden sollen.

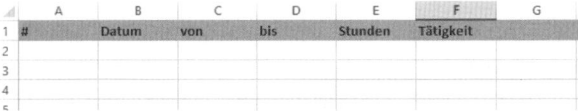

Dann brauchen Sie noch eine Prozedur, die nach Erstellen des Blattes die erste Zeile einfügt. Wie Sie das machen, zeigt folgendes Beispiel. Im Prinzip ist die Vorgehensweise ganz einfach. Sie übergeben den Namen des Blattes, als Parameter an die Prozedur. Innerhalb der Prozedur deklarieren Sie zuerst die notwendigen Variablen, erzeugen dann das Blatt, falls es noch nicht existiert und prüfen dann ob die erste Zeile leer ist. Falls ja, fügen Sie die gewünschten Spaltentitel ein und formatieren diese.

```
Sub Spaltentitel(strBlatt As String)
    'Variablendeklarationen

    'Prüfen, ob die erste Zeile leer ist

        'Falls ja, Spaltentitel einfügen

        'Spaltentitel formatieren


    'Variablen freigeben

End Sub
```

Sie benötigen eigentlich nur eine Variable des Typs `Worksheet`. Dieser müssen Sie dann das Blatt zuweisen, in dem Sie die Spaltentitel einfügen möchten. Damit sichergestellt ist, dass das Blatt auch existiert, rufen Sie vorab einfach die Funktion `Blatterzeugen2` auf und übergeben den gewünschten Blattnamen der im Parameter der Prozedur gespeichert ist.

Als letztes weisen Sie das betreffende Blatt als `Worksheet`-Objekt der Variablen

`objBlatt` zu. Sie können dazu einfach die `Worksheets`-Auflistung nutzen und entweder den Index des Blattes oder dessen Name – hier in Form des Parameters `strBlatt` – an die Worksheets-Methode übergeben.

> In Auflistungen und Listenobjekten können Sie über den Index auf einzelne Elemente zugreifen. Der Index ist dabei die interne fortlaufende Nummer. Die meisten Indexwerte beginnen bei 1. Sie können also beispielsweise mit `Thisworkbook.Worksheets(1)` auf das erste Tabellenblatt der Arbeitsmappe zugreifen. Bei den allermeisten können Sie alternativ auch über einen Namen auf das Element zugreifen. Diesen Setzen Sie dann in allerdings in Anführungszeichen: `Thisworkbook.Worksheets("Tabelle1")`

```
Sub Spaltentitel(strBlatt As String)
    'Variablendeklarationen
    Dim objBlatt As Worksheet
    Blatterzeugen2 strBlatt
    Set objBlatt = ThisWorkbook.Worksheets(strBlatt)
    'Prüfen, ob die erste Zeile leer ist
```

■ Auf einzelne Zellen zugreifen

Nun müssen Sie prüfen, ob die die erste Zeile des Blattes leer ist. In der Regel brauchen Sie dafür in diesem Fall nur zu prüfen, ob die erste Zelle leer ist, wenn diese bei ausgefüllter erster Zeile ausgefüllt sein müsste.

Ein Tabellenblatt besteht aus vielen einzelnen Zellen, die zu Zellbereichen (Zeilen, Spalten oder eine Markierung) zusammengefasst sein können. Eine Zelle oder ein Zellbereich wird durch das `Range`-Objekt repräsentiert, das von ganz vielen verschiedenen Eigenschaften und Methoden zurückgegeben wird, beispielsweise im einfachsten Fall von der `Cells`-Auflistung, die eine Auflistung aller Zellen in einem Blatt darstellt. Für den Zugriff auf eine einzelne Zelle gibt es daher viele verschiedene Möglichkeiten. Die beiden am weitesten verbreiteten sind die `Cells`-Auflistung oder das `Range`-Objekt.

Möchten Sie über das `Range`-Objekt auf die erste Zelle des Blattes zugreifen, übergeben Sie die Zelladresse als Parameter an die `Range`-Auflistung.

```
objBlatt.Range("A1").Value
```

Alternativ geben Sie beim Zugriff über die `Cells`-Auflistung den Zeilenindex, gefolgt vom Spaltenindex an; beide trennen Sie durch ein Komma.

```
objBlatt.Cells(1, 1).Value
```

In einer if-Verzweigung müssen Sie also prüfen, ob die erste Zelle den Wert `empty` hat. `Empty` ist eine vordefinierte Konstante, die einen leeren Zellwert repräsentiert.

```
'Prüfen, ob die erste Zeile leer ist
If objBlatt.Cells(1, 1).Value = Empty Then
    'Falls ja, Spaltentitel einfügen

    'Spaltentitel formatieren
End If
```

Wenn die Zelle leer ist, fügen Sie innerhalb der Verzweigung den Code ein, der die Spaltentitel definiert.

Dazu weisen Sie den einzelnen Zellen in der ersten Zeile die gewünschten Werte zu. Auch dazu gibt es wieder zwei Möglichkeiten auf die Zellen zuzugreifen. Im einfachsten Fall geben Sie wieder die Zeilen- und Spaltenindizes an und nutzen die `Cells`-Auflistung.

```
'Prüfen, ob die erste Zeile leer ist
If objBlatt.Cells(1, 1).Value = Empty Then
    'Falls ja, Spaltentitel einfügen
    objBlatt.Cells(1, 1).Value = "#"
    objBlatt.Cells(1, 2).Value = "Datum"
    objBlatt.Cells(1, 3).Value = "von"
    objBlatt.Cells(1, 4).Value = "bis"
    objBlatt.Cells(1, 5).Value = "Stunden"
    objBlatt.Cells(1, 6).Value = "Tätigkeit"
    'Spaltentitel formatieren
End If
```

Wenn Sie mehrmals auf das gleiche Objekt zugreifen müssen, können Sie den Code erheblich verkürzen, indem Sie die `With`-Anweisung einsetzen. Damit sähe der Code dann folgendermaßen aus.

Das Objekt, in diesem Fall die Objektvariablen `objBlatt` wird hinter das Schlüsselwort `With` gesetzt und fehlt dann vor den einzelnen Anweisungen. Abgeschlossen wird das Ganze mit `End With`.

```
If objBlatt.Cells(1, 1).Value = Empty Then
    'Falls ja, Spaltentitel einfügen
    With objBlatt
        .Cells(1, 1).Value = "#"
        .Cells(1, 2).Value = "Datum"
        .Cells(1, 3).Value = "von"
        .Cells(1, 4).Value = "bis"
        .Cells(1, 5).Value = "Stunden"
        .Cells(1, 6).Value = "Tätigkeit"
    End With
    'Spaltentitel formatieren
End If
```

■ Zellen formatieren

Um die erste Zeile optisch hervorzuheben, ist es am sinnvollsten die ganze Zeile und nicht nur die verwendeten Zellen zu formatieren. Nachfolgend soll die Hintergrundfarbe gesetzt werden und die Schrift fett formatiert werden.

Um die ganze Zeile zu formatieren nutzen Sie am besten die `Rows`-Auflistung. Sie verwaltet die Zeilen eines Tabellenblattes in Form von `Range`-Objekten. Über den Index der Zeile können Sie auf eine bestimmte Zeile zugreifen, hier auf die erste.

Für Formatierungen die den Zellinhalt betreffen, gibt es die `Interior`-Eigenschaft, die ein Objekt zurückgibt, über deren Eigenschaften Sie die Formatierungen der Zelle festlegen können. Mit `Color` definieren Sie beispielsweise die Füllfarbe der Zelle. In diesem Fall wird die Farbe mit der Funktion `RGB` aus den Farbanteilen von Rot, Grün und Blau berechnet. Als Parameter für die einzelnen Farbbestandteile übergeben Sie ganze Zahlen von 0 bis 255. Identische Werte in allen Farbbestandteilen erzeugen Graustufen. Der Aufruf `RGB(0,0,0)` ergibt schwarz, `RGB(255,255,255)` ist weiß.

```
'Spaltentitel formatieren
With objBlatt.Rows(1)
    .Interior.Color = RGB(125, 255, 0)
    .Font.Bold = True
End With
```

Nun müssen Sie noch die Variable `objBlatt` auf `Nothing` setzen und schon ist die Prozedur fertig.

```
Sub Spaltentitel(strBlatt As String)
    'Variablendeklarationen
    Dim objBlatt As Worksheet
    Blatterzeugen2 strBlatt
    Set objBlatt = ThisWorkbook.Worksheets(strBlatt)
    'Prüfen, ob die erste Zeile leer ist
    If objBlatt.Cells(1, 1).Value = Empty Then
        'Falls ja, Spaltentitel einfügen
        With objBlatt
            .Cells(1, 1).Value = "#"
            .Cells(1, 2).Value = "Datum"
            .Cells(1, 3).Value = "von"
            .Cells(1, 4).Value = "bis"
            .Cells(1, 5).Value = "Stunden"
            .Cells(1, 6).Value = "Tätigkeit"
        End With
        'Spaltentitel formatieren
        With objBlatt.Rows(1)
            .Interior.Color = RGB(125, 255, 0)
            .Font.Bold = True
        End With
    End If

    'Variablen freigeben
    Set objBlatt = Nothing

End Sub
```

■ Zellbereiche durchsuchen

Sinnvoll ist jetzt noch eine Prozedur, die am Ende des verwendeten Tabellenbereichs einen neuen Datensatz erzeugt, indem sie folgende Aktionen ausführt:

- in der ersten Spalte wird eine fortlaufende Nummer generiert
- in die Spalte „Stunden" wird eine Formel eingefügt, die aus „Von" und „Bis" die Zeit in Stunden berechnet
- in die Spalte „Datum" wird das aktuelle Datum einfügt
- jede zweite Zeile wird grau unterlegt.

Das ist ganz schnell erledigt. Die Vorgehensweise sieht dabei wie folgt aus:

```
Sub neuerDatensatz(strBlatt As String)
    'Variablendeklarationen

    'Blatt und Spaltentitel bei Bedarf erzeugen

    'Leere Zeile suchen

    'fortlaufende Nummer berechnen

    'Daten und Formeln einfügen

    'Zeile formatieren

    'Variablen freigeben

End Sub
```

Sie durchsuchen die erste Spalte des Blattes bis Sie eine leere Zelle finden. Hier fügen Sie dann die Daten ein. Anschließend prüfen Sie, ob die Zeilennummer

gerade oder ungerade ist und färben abhängig davon die Zeile ein.

Zunächst zu den notwendigen Variablen. Sie brauchen wieder eine Variable des Typs `Worksheet`, sowie zwei Variablen des Typs `Long`. In einer speichern Sie die berechnete fortlaufende Nummer der Datensätze, in der anderen die Zeilennummer der zu bearbeitenden Zeile. Und zum Schluss brauchen Sie noch eine Variable des Typs `Range`, mit der Sie die `Cells`-Auflistung durchlaufen können.

Um gegebenenfalls das Blatt und die Spaltentitel zu erzeugen, rufen Sie einfach die eben erstellte Prozedur `Spaltentitel` auf.

```
Sub neuerDatensatz(strBlatt As String)
    'Variablendeklarationen
    Dim lngZeile As Long
    Dim lngNr As Long
    Dim objBlatt As Worksheet
    Dim objZelle As Range

    'Blatt und Spaltentitel bei Bedarf erzeugen
    Spaltentitel strBlatt
```

■ Die erste leere Zeile suchen

Wenn Sie nun nach der ersten leeren Zeile suchen möchten, durchlaufen Sie dazu am besten die Zellen der ersten Spalte mit der For-Each-Schleife. Als Schleifenvariable verwenden Sie dazu die Variable `objZelle` vom Typ `Range`.

Innerhalb der Schleife prüfen Sie, ob die Zelle leer ist, falls ja, speichern Sie die Zeilennummer der Zelle in der Variablen `lngZeile` und verlassen die Schleife mit `Exit For`.

```
'Leere Zeile suchen
Set objBlatt = ThisWorkbook.Worksheets(strBlatt)
For Each objZelle In objBlatt.Columns(1).Cells
    If objZelle.Value = Empty Then
        'Leere Zeile gefunden
        lngZeile = objZelle.Row
        Exit For
    End If
Next objZelle
```

Die Schleife wird also verlassen, sobald die erste leere Zeile gefunden wurde.

■ Die fortlaufende Nummer berechnen

Wenn Sie eine fortlaufende Nummer berechnen möchten, müssen Sie zur Nummer in der vorherigen Zeile den Wert 1 addieren. Da Sie nun die erste leere Zeile kennen, ergibt sich daraus auch, die letzte gefüllte Zeile, nämlich die Zeile vorher. Damit können Sie folgende If-Verzweigung nutzen, um die fortlaufende Nummer zu berechnen.

Sie prüfen, ob die Variable `lngZeile` einen Wert größer als 2 hat. In der ersten Zeile stehen ja die Spaltenüberschriften und damit erst in der zweiten Zeile die fortlaufende Nummer. Wenn die Bedingung erfüllt ist, berechnen Sie die neue Nummer, indem Sie aus der Zelle der vorherigen Zeile mit
`objBlatt.Rows(lngZeile-1).Cells(1).Value`
den Wert ermitteln und an die Funktion `val` übergeben und dazu 1 addieren. Das Ergebnis weisen Sie dann der Variablen `lngNr` zu.

> Die Funktion `Val` wandelt einen Datums-
> wert oder Text in eine Zahl um. Sie ist
> hier nicht zwingend erforderlich, beugt
> aber in der Praxis Fehlern vor, wenn
> beispielsweise der Nutzer die Nummer
> durch einen Text ersetzt hat oder bei-
> spielsweise der Nummer ein Hochkomma
> vorangestellt hat.

Den Wert von `lngNr` weisen Sie dann der ersten Zelle in der bis jetzt noch leeren Zeile zu.

```
'fortlaufende Nummer berechnen
If lngZeile > 2 Then
    lngNr = Val(objBlatt.Rows(lngZeile - 1).Cells(1).Value) + 1
    objBlatt.Rows(lngZeile).Cells(1).Value = lngNr
Else
    objBlatt.Rows(lngZeile).Cells(1).Value = 1
End If
```

■ **Die übrigen Daten in die Zeile einfügen**

Nun müssen Sie noch die übrigen Daten in die Zeile einfügen. In die Zelle in der fünften Spalte, die Sie mit
`objBlatt.Rows(lngZeile).Cells(5)`
adressieren können, müssen Sie beispiels-weise eine Formel einfügen, die die Diffe-renz zwischen der vierten und dritten Spalte berechnet. Damit beispielsweise in der zweiten Zeile eine Formel wie `=D2-C2` eingefügt wird, weisen Sie der `Formula`-Eigenschaften die Zeichenkette `"=D"` & `lngZeile` & `"-C"` & `lngZeile` zu. Beim

Auswerten wird der Wert der Variable `lngZeile` durch die Zeilennummer ersetzt, beispielsweise 2. und Sie weisen damit der `Formula`-Eigenschaft eine korrekte Formel zu.

> Formeln fügen Sie einer Zelle über die
> `Formula`-Eigenschaft ein. Wichtig sind
> dabei drei Dinge:
>
> Sie müssen grundsätzlich die englischen
> Funktionsnamen verwenden. Diese
> ermitteln Sie am einfachsten, indem Sie
> die gewünschte Funktion zunächst über
> den Funktionsassistenten in eine Zelle
> einfügen, deren `Formula`-Eigenschaft
> Sie dann z.B. mit
> `Debug.Print Application.This-`
> `Workbook.Worksheets("Tabelle1").`
> `Range("C1").Formula` im Testfenster
> ausgeben können. Dabei müssen Sie
> natürlich die Zellbereiche und Tabellen-
> namen entsprechend anpassen.
>
> Die Formel müssen Sie in Anführungs-
> zeichen einfassen und das erste Zeichen
> muss ein Gleichheitszeichen sein.
>
> Enthält die Formel Anführungszeichen,
> müssen Sie diese verdoppeln, da ein
> einfaches Anführungszeichen als
> Textbegrenzer interpretiert würde.

Der Zelle in der zweiten Spalte weisen Sie das aktuelle Datum zu, indem Sie der `Value`-Eigenschaft den Rückgabewert der `Date`-Anweisung zuweisen.

```
'Daten und Formeln einfügen
objBlatt.Rows(lngZeile).Cells(5).Formula = _
    "=D" & lngZeile & "-C" & lngZeile
objBlatt.Rows(lngZeile).Cells(2).Value = Date

'Zeile formatieren
If (lngZeile Mod 2) > 0 Then
    objBlatt.Rows(lngZeile).Interior.Color = _
        RGB(240, 240, 240)
End If
objBlatt.Range("C" & lngZeile & ":E" & lngZeile).NumberFormat = _
    "[$-F400]h:mm:ss AM/PM"

'Variablen freigeben
Set objZelle = Nothing
Set objBlatt = Nothing
```

Nun müssen Sie die Zeile noch formatie-ren. Um zu prüfen, ob es sich um eine gerade oder ungerade Zeilennummer handelt, verwenden Sie am besten den Mod-Operator Der Ausdruck `lngZeile Mod 2` gibt 0 zurück, wenn der Variablenwert durch zwei teilbar ist. In diesem Fall setzen Sie einfach die `Color`-Eigenschaft des `Interior`-Objektes auf einen hellen Grauton.

Außerdem sollten Sie jetzt noch das Zahlenformat für die Spalten „Von", „Bis" und „Stunden" auf Uhrzeit festlegen. Dazu weisen Sie der `NumberFormat`-Eigenschaft die Zeichenkette des Formates zu. Sie können das auch – wie hier gezeigt – gleich für alle drei Zellen machen, indem Sie die Zelladresse „C2:E2" an die `Range`-Auflistung übergeben. Die enthaltene Zeilennummer ersetzen Sie einfach durch die Variable `lngZeile` und verknüpfen das alles zu dem Ausdruck: `"C" & lngZeile & ":E" & lngZeile`

Ganz zum Schluss setzen Sie noch die benötigten Objektvariablen auf `Nothing`, um den Speicher freizugeben.

> Zahlenformate dienen in Excel dazu, eine Zahl zu formatieren. Sie können damit die Anzahl der Nachkommastellen oder die verwendete Währungseinheit angeben. Das machen Sie, indem Sie der Eigenschaft `Numberformat` eine Zeichenkette zuweisen, die einem gültigen Zahlenformat entspricht. Am einfachsten können Sie die Zeichenkette ermitteln, die Sie benötigen, indem Sie eine Zelle über die Symbolleiste von Excel entsprechend formatieren und dann im Direktfenster die Eigenschaft `NumberFormat` der Zelle ausgeben lassen, beispielsweise mit `debug.Print activecell.NumberFormat`

■ Objektbezeichner

In den vorstehenden Beispielen, wurden Objekte auf verschiedene Art und Weise bezeichnet, um darauf zuzugreifen. VBA kennt zwei verschiedene Typen von Objektbezeichnern.

Ein vollqualifizierender Bezeichner ist eine Zeichenfolge, die ein Objekt vollständig bezeichnet. Er beginnt in Excel grundsätzlich mit `Application` und endet mit der Eigenschaft oder Methode, die das

Objekt zurückgibt. Für den Zugriff auf eine Zelle könnte das z.B. so aussehen:

```
Application.ThisWorkbook.Worksheets
("Tabelle1").Range("A1")
```

Das `Application`-Objekt kann jedoch beim Zugriff über bestimmte untergeordnete Objekte, wie `ThisWorkbook` (Diese Arbeitsmappe) oder `ActiveWorkbook` (Aktive Arbeitsmappe) auch entfallen. Dann handelt es sich allerdings um einen nicht voll qualifizierenden Bezeichner.

Bei einem nicht voll qualifizierenden Bezeichner ersetzen Sie einen Teil des Bezeichners z.B. durch eine Objektvariable: `objBlatt.Range("A1")`

In der Praxis sollten Sie sich aber für die kürzere Variante mit der Objektvariablen entscheiden, da damit sehr viel Schreibaufwand entfällt – und das wiederum reduziert eventuelle Tippfehler.

■ Zellen kopieren und einfügen

Zum Kopieren und Einfügen von Zellen und Zellbereichen stellt das Excel-Objektmodell spezielle Methoden zur Verfügung.

Mit `Copy` können Sie einen Zellbereich kopieren; mit `PasteSpecial` können Sie diesen kopierten Bereich oder Teile desselben, wie z. B. nur die Formatierungen oder nur die Werte (ohne Formatierungen), in einen anderen Zellbereich einfügen.

Das folgende Beispiel kopiert die Zellen „A1:C1" und fügt sie in den Zellbereich „A2:C10" ein.

Erzeugen Sie dazu zunächst ein neues, leeres Tabellenblatt in Excel und nennen Sie es „KopierenEinfuegen". Entweder indem Sie es manuell über die Bedienoberfläche von Excel machen, oder durch Aufruf der Prozedur `Blatterzeugen2 "KopierenEinfuegen"` im Direktbereich.

Direktbereich

```
Blatterzeugen2 "KopierenEinfuegen"
```

Fügen Sie anschließend in die Zeilen A1 bis C1 ein paar Werte ein, damit Sie später sehen können, dass sie kopiert wurden.

Zunächst speichern Sie dazu wieder das Worksheet-Objekt der Tabelle „KopierenEinfuegen" in der Variablen `objBlatt`. Über die `Range`-Methode geben Sie das `Range`-Objekt der zu kopierenden Zellen zurück und rufen seine Methode `Copy` auf. Daraufhin kopiert Excel die kopierten Zellinhalte in die Zwischenablage. Die `PasteSpecial`-Methode wenden Sie dann auf den Zellbereich an, in den Sie die Inhalte einfügen möchten. Sie können der Methode als ersten Parameter eine Konstante übergeben, die bestimmt, welche Teile des kopierten Zellbereichs eingefügt werden sollen. Wenn Sie wie hier `xlPasteAll` angeben, werden alle Formatierungen und Inhalte eingefügt. Alternativ können Sie die Werte in der folgenden Tabelle einfügen. Sie entsprechen den Einstellungen in der Auswahlliste START | EINFÜGEN | INHALTE EINFÜGEN. Damit der Markierungsrahmen um den kopierten Bereich gelöscht wird, müssen Sie schließlich die Eigenschaft `CutCopyMode` des `Application`-Objekts auf `False` setzen.

```
Sub KopierenEinfuegen()
    Dim objBlatt As Worksheet
    Set objBlatt = Application.ThisWorkbook.Worksheets("KopierenEinfuegen")
    objBlatt.Range("A1:C1").Copy
    objBlatt.Range("A2:C10").PasteSpecial xlPasteAll
    Application.CutCopyMode = False
End Sub
```

Konstante	Beschreibung
xlPasteAll	Alles wird eingefügt
xlPasteAllExcept-Borders	Alles außer den Zellumrandungen
xlPasteColumn-Widths	Spaltenbreiten werden übertragen
xlPasteComments	Kommentare werden eingefügt
xlPasteFormats	Formate werden eingefügt
xlPasteFormulas	Formeln werden eingefügt
xlPasteFormulas-AndNumberFormats	Fügt Formeln und Zahlenformate ein
xlPasteValidation	Fügt Gültigkeitsregeln ein
xlPasteValues	Fügt nur Werte und Formelergebnisse ein, nicht aber die Formeln.
xlPasteValuesAnd-NumberFormats	Fügt Werte und Zahlenformate ein.

Entsprechend können Sie auch Zellinhalte ausschneiden und an anderer Stelle wieder einfügen. Hier wird der Zellbereich „A10:C10" ausgeschnitten und in der nächsten Zeile wieder eingefügt.

Statt der `Copy`- rufen Sie diesmal die `Cut`-Methode auf. Anschließend markieren Sie den Zielbereich mit Hilfe der `Select`-Methode und rufen dann die `Paste`-Methode des Tabellenblattes auf, in dem sich die Markierung befindet. Der `Paste`-Methode übergeben Sie den Zielbereich als Parameter. Sie können dazu einfach das `Selection`-Objekt übergeben.

```
Sub AusschneidenEinfuegen()
    Dim objBlatt As Worksheet
    Set objBlatt = _
        Application.ThisWorkbook.Worksheets("KopierenEinfuegen")
    objBlatt.Range("A10:C10").Cut
    objBlatt.Range("A11:C11").Select
    objBlatt.Paste Selection
    Application.CutCopyMode = False
End Sub
```

Möchten Sie sich das Markieren ersparen, können Sie den Code auch noch abkürzen und der `Paste`-Methode direkt den Zielbereich anstelle des `Selection`-Objekts übergeben.

```
objTab.Range("A11:C11").Select

objTab.Paste
objTab.Range("A11:C11")
```

Excel manipulieren

Im vorherigen Kapitel haben Sie gelernt, wie Sie auf Zellen und Tabellenblätter einer Arbeitsmappe zugreifen können. Aber auch Excel und seine Einstellungen lassen sich über VBA ansprechen, auslesen und zum Teil auch ändern. So können Sie z.B. die Excel-Version ermitteln oder das Standardarbeitsverzeichnis von Excel. Um diese Möglichkeiten geht es im folgenden Abschnitt.

Excel-Version und VBA-Version ermitteln

Die Version von Excel und VBA ist wichtig, wenn Sie Anweisungen nutzen, die eine bestimmte Version voraussetzen. Die Version von Excel ermitteln Sie über die Version-Eigenschaft des Application-Objekts. Sie gibt eine Zeichenfolge mit der internen Versionsnummer zurück. Sie können diese z.B. einfach in einer Meldung ausgeben:

```
Sub Excelversion()
    MsgBox "Sie verwenden Excel " _
        & Application.Version
End Sub
```

Allerdings kann der Benutzer in der Regel mit den internen Versionsnummern wenig anfangen. Besser ist daher, Sie verwenden eine Verzweigung, um den internen Versionsnummern die offiziellen Excel-Versionsnamen zuzuweisen, und geben diese dann aus. Dazu müssen Sie für jede Excel-Version einen If- bzw. ElseIf-Zweig erstellen. Die dazu notwendigen Zuordnungen der Versionsnummern zeigt die folgende Tabelle.

Excel-Version	Interne Versionsnummer
Excel 97	8.0
Excel 2000/2001 für Mac	9.0
Excel 2002(XP)/Office v.X	10.0
Excel 2003/04 Mac	11.0
Excel 2007	12.0
Excel 2010	14.0
Excel 2013	15.0
Excel 2016	16.0

Anhand dieser Nummer können Sie also feststellen, um welche Excel-Version es sich handelt. Die entsprechende Verzweigung muss dann wie in der Funktion ExVersion lauten. Die Funktion gibt zum Schluss den in der Variablen strVersion gespeicherten Text zurück, der mit der Prozedur Excelversion ausgegeben wird.

Die hier verwendete Funktion Val wandelt eine Zeichenfolge in eine Zahl um, sofern das möglich ist. Der Punkt wird dabei entfernt, so dass aus der Versionsnummer 11.0 der Wert 11 gemacht wird. Auf diese Weise können Sie auch einen größer/kleiner-Vergleich durchführen, der bei Zeichenketten mit numerischen Inhalten oft zu fehlerhaften Ergebnissen führt.

```
Sub Excelversion()
    MsgBox "Sie verwenden Excel " & ExVersion()
End Sub

Function ExVersion() As String
    Dim strVersion As String
    If Application.Version = "8.0" Then
        strVersion = "Excel 97 (Win)"
    ElseIf Application.Version = "9.0" Then
        strVersion = "Excel 2000 (Win)/2001 (Mac)"
    ElseIf Application.Version = "10.0" Then
        strVersion = "Excel 2002 (Win)/Excel v.X (Mac)"
    ElseIf Application.Version = "11.0" Then
        strVersion = "Excel 2003/Excel 2004 (Mac)"
    ElseIf Application.Version = "12.0" Then
        strVersion = "Excel 2007"
    ElseIf Application.Version = "14.0" Then
        strVersion = "Excel 2010"
    ElseIf Application.Version = "15.0" Then
        strVersion = "Excel 2013"
    ElseIf Val(Application.Version > 15) Then
        strVersion = "eine Excel-Version höher als 2013"

    Else
        strVersion = "eine Excelversion niedriger als Excel 97 (Win)"
    End If
    ExVersion = strVersion
End Function
```

Ähnlich können Sie auch die VBA-Version ermitteln. Sie lässt sich anhand der Excel-Version allerdings nur eingeschränkt feststellen, da alle Mac-Versionen von Excel lediglich VBA 5.0 unterstützen. Möchten Sie aus der Excel-Version auf die VBA-Version schließen, müssen Sie also das Betriebssystem berücksichtigen. Da ist es einfacher, wenn Sie die VBA-Version direkt abfragen. Sie wird von der Version-

Eigenschaft des `VBE`-Objekts zur Verfügung gestellt. Das `VBE`-Objekt repräsentiert die VBA-Entwicklungsumgebung und wird von der `VBE`-Eigenschaft des `Application`-Objekts zurückgegeben. Die Anweisung

`Debug.Print Application.VBE.Version`

gibt also die VBA-Version im Testfenster aus.

Das funktioniert allerdings in Excel 2002/2003 und höher nur, wenn in den Sicherheitseinstellungen die Option ZUGRIFF AUF DAS VISUAL BASIC-PROJEKT VERTRAUEN aktiviert ist. In Excel 2013 heißt die Option ZUGRIFF AUF DAS VBA-PROJEKTOBJEKTMODELL VERTRAUEN. Standardmäßig ist das nicht der Fall; also löst die Anweisung einen Laufzeitfehler aus. Wie Sie einen solchen Laufzeitfehler übergehen können, erfahren Sie im Abschnitt „Auf Ereignisse und Fehler reagieren" ab Seite 54.

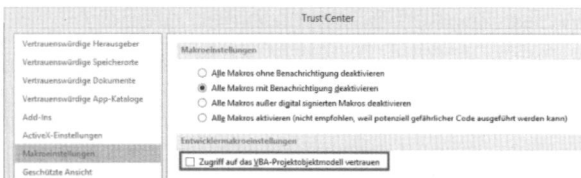

> Die Aktivierung dieser Option stellt ein Sicherheitsrisiko dar, weil dadurch Viren und Würmer per VBA verbreitet werden können.

Betriebssystem abfragen

Das Betriebssystem ermitteln Sie mit Hilfe der Eigenschaft `OperatingSystem` des `Application`-Objekts.

> Das `Application`-Objekt ist das oberste Objekt im Objektmodell aller VBA-Hostanwendungen. Es repräsentiert die Anwendung selbst, hier also Excel.

Die Eigenschaft `OperatingSystem` gibt eine Zeichenfolge zurück, die allerdings abhängig vom Betriebssystem unterschiedlich aufgebaut sein kann.

Für Windows 8 mit einer Office 32-Bit-Installation enthält die Eigenschaft z.B. den Wert „Windows (32-bit) NT 6.02".

Möchten Sie die VBA-Version ermitteln, müssen Sie allerdings nicht wissen, um welche Windows- oder Mac-OS-Version es sich handelt – es geht nur darum, ob es sich um Windows- oder ein Macintosh-System handelt.

Also prüfen Sie mit Hilfe der `InStr`-Funktion, ob die Zeichenfolge „Win" bzw. „Mac" vorhanden ist. Damit dabei Differenzen bzgl. Groß- und Kleinschreibung unberücksichtigt bleiben, sollten Sie die Zeichenfolge, die von der `OperatingSystem`-Eigenschaft zurückgegeben wird, mit der `UCase`-Funktion in Großbuchstaben umwandeln. Die Funktion `OS` zeigt, wie das geht. Sie prüft, ob die Zeichenfolge „MAC" vorhanden ist und gibt in diesem Fall „Mac", andernfalls „Windows" zurück.

```
Function OS() As String
    OS = UCase( _
        Application.OperatingSystem)
    If InStr(1, OS, "MAC") > 0 Then
        OS = "Mac"
    Else
        OS = "Windows"
    End If
End Function
```

Mit dem Ergebnis dieser Funktion können Sie nun die VBA-Version berechnen. Die folgende Tabelle zeigt die möglichen Kombinationen aus VBA und Versionsnummer von Excel.

Versionsnr.	Excel-Version	Betriebssystem	VBA-Version
10	Excel 2002	Windows	6.3
10	Excel v. X	Mac	5.0
11	Excel 2003	Windows	6.5
12	Excel 2007	Windows	7.0
12	Excel 2008	Mac	-
14	Excel 2010	Windows	7.0
14	Excel 2011	Mac	6.5
15	Excel 2013	Windows	7.1
16	Excel 2016	Windows	8, 8.1, 10

Innerhalb der Funktion müssen Sie nun mit einer if- oder If-Then-ElseIf-Else-Verzweigung prüfen, welche Kombination vorliegt.

```
Function VBAVersion2() As Byte
    If (Val(Application.Version) < 10) Or (OS() = "Mac") Then
        VBAVersion2 = 5
    ElseIf ((Val(Application.Version) = 8) Or _
        (Val(Application.Version) = 9)) And (OS() = "Windows") Then
        VBAVersion2 = 6
    ElseIf (Val(Application.Version) = 10) And (OS() = "Windows") Then
        VBAVersion2 = 6.3
    ElseIf ((Val(Application.Version) = 11) And (OS() = "Windows")) Or _
        ((Val(Application.Version) = 14) And (OS() = "Mac")) Then
        VBAVersion2 = 6.5
    ElseIf ((Val(Application.Version) = 12) And (OS() = "Windows")) Or _
        ((Val(Application.Version) = 14) And (OS() = "Windows")) Then
        VBAVersion2 = 7
    ElseIf ((Val(Application.Version) > 14) And (OS() = "Windows")) Then
        VBAVersion2 = 7.1
    Else
        VBAVersion2 = 5
    End If
End Function
```

Standardarbeitsverzeichnis auslesen und setzen

Das Standardarbeitsverzeichnis ist das Verzeichnis, in dem Excel bei Wahl von DATEI | SPEICHERN automatisch Dateien speichert, wenn Sie kein anderes Verzeichnis wählen bzw. die aktive Arbeitsmappe noch nicht gespeichert ist. Möchten Sie dieses Verzeichnis ermitteln, rufen Sie die Eigenschaft DefaultFilePath des Application-Objekts ab. Als Ergebnis gibt die Prozedur Standardverzeichnis im Testfenster den Pfad aus. Möchten Sie nun das Standardarbeitsverzeichnis neu festlegen, weisen Sie der Eigenschaft einfach ein neues Verzeichnis zu. Im

Beispiel ist es das Verzeichnis „C:\DATEN\".

```
Sub Standardverzeichnis()
    Debug.Print Application.DefaultFilePath
    Application.DefaultFilePath = "C:\DATEN\"
End Sub
```

Prüfen, ob eine bestimmte Arbeitsmappe geöffnet ist

Excel verwaltet die geöffneten Arbeitsmappen in der Workbooks-Auflistung. Möchten Sie feststellen, ob eine bestimmte Arbeitsmappe bereits geöffnet ist, haben Sie zwei Möglichkeiten:

- Sie versuchen die Arbeitsmappe zu öffnen. Misslingt dies, ist sie bereits geöffnet, da Excel eine Datei gleichen Namens nur einmal öffnen kann; das gilt auch dann, wenn es sich um zwei Dateien gleichen Namens in zwei verschiedenen Verzeichnissen handelt.
- Sie durchlaufen die `Workbooks`-Auflistung und prüfen, ob die gesuchte Arbeitsmappe darin enthalten ist. Wenn nicht, ist die Arbeitsmappe noch nicht geöffnet.

Die erste Methode birgt die Gefahr, dass Sie z.B. die Arbeitsmappe „C:\test.xls" nur deshalb nicht öffnen können, weil es bereits eine geöffnete „D:\text.xls" gibt. In diesem Fall würden Sie annehmen, die gewünschte Datei sei geöffnet, obwohl das tatsächlich nicht der Fall ist.

Sicherer ist also grundsätzlich die zweite Methode. Hierfür benötigen Sie eine Funktion, der Sie den kompletten Namen (incl. Pfad) der Datei übergeben. Innerhalb der Funktion setzen Sie zunächst den Rückgabewert auf `False` und durchlaufen dann die `Workbooks`-Auflistung mit einer `For-Each`-Schleife.

Die Schleifenvariable `objWB` enthält also immer ein `Workbook`-Objekt. Über dessen `Fullname`-Eigenschaft können Sie den kompletten Pfad und Dateinamen der Arbeitsmappe ermitteln und mit dem Parameter vergleichen. Um Fehler durch Differenzen in der Groß- und Kleinschreibung zu vermeiden, sollten Sie beim Vergleich beide Werte mit `UCase` in Großbuchstaben umwandeln.

Ist der Ausdruck der `If`-Verzweigung wahr, ist die gesuchte Datei in der `Workbooks`-Auflistung vorhanden, also geöffnet. In diesem Fall müssen Sie die restlichen Arbeitsmappen nicht mehr abarbeiten, weil die gesuchte ja schon gefunden ist. Sie können daher die Schleife vorzeitig mit `Exit For` verlassen.

> Analog dazu können Sie jede `Do`-Schleife mit `Exit Do` verlassen.

Die Funktion gibt also `True` zurück, wenn die als Parameter übergebene Arbeitsmappe schon geöffnet ist.

```
Function geoeffnet(strDatei As String) As Boolean
    Dim objWB As Workbook
    geoeffnet = False
    For Each objWB In Application.Workbooks
        If UCase(objWB.FullName) = UCase(strDatei) Then
            geoeffnet = True
            Exit For
        End If
    Next objWB
End Function
```

Sie können die Funktion dahingehend erweitern, dass die Arbeitsmappe aktiviert wird, wenn sie gefunden wurde. Das erreichen Sie mit einer vor `Exit For` eingefügten Anweisung `objWB.Activate`.

```
Function geoeffnet(strDatei As String) As Boolean
    Dim objWB As Workbook
    geoeffnet = False
    For Each objWB In Application.Workbooks
        If UCase(objWB.FullName) = UCase(strDatei) Then
            geoeffnet = True
            If UCase(objWB.FullName) = _
                UCase(strDatei) Then
                geoeffnet = True
                objWB.Activate
                Exit For
            End If

            Exit For
        End If
    Next objWB
End Function
```

Dateien öffnen

Wenn Sie nach einer speziellen Arbeitsmappe suchen, um zu prüfen, ob sie schon geöffnet ist, macht das nur dann wirklich Sinn, wenn Sie die Arbeitsmappe auch öffnen, falls sie nicht geöffnet ist.

Um Arbeitsmappen zu öffnen, müssen Sie die an die `Workbooks`-Auflistung anhängen. Dazu verwenden Sie die `Open`-Methode, an die Sie den Pfad der Arbeitsmappe übergeben. Damit die Arbeitsmappe nur geöffnet wird, wenn Sie nicht schon geöffnet ist, rufen Sie vorab die Funktion `geoeffnet` auf.

```
Sub Arbeitsmappe_Oeffnen(strDatei As String)
    If geoeffnet(strDatei) = False Then
        'Datei öffnen
        Application.Workbooks.Open strDatei
    End If
End Sub
```

Die Prozedur `Arbeitsmappe_Oeffnen` können Sie dann beispielsweise im Direkt fenster oder in einer anderen Prozedur oder Funktion mit `Arbeitsmappe_Oeffnen "C:\DATEN\Beispiele\Meldungen.xlsx"` aufrufen.

Nach dem Öffnen der Arbeitsmappe ist es außerdem sinnvoll, die Arbeitsmappe zu aktivieren. Das geht am einfachsten, indem Sie gleich den Rückgabewert der `Open`-Methode einer entsprechenden Objektvariablen des Typs `Workbook` zuweisen. Dazu deklarieren Sie zunächst die Variable `objWB` und weisen ihr den Rückgabewert der Methode zu, indem Sie den Parameter `strDatei` in Klammern setzen. Danach müssen Sie nur noch die `Activate`-Methode aufrufen.

```
Sub Arbeitsmappe_Oeffnen(strDatei As String)
    Dim objWB As Workbook
    If geoeffnet(strDatei) = False Then
        'Datei öffnen
        Set objWB = Application.Workbooks.Open(strDatei)
        objWB.Activate
    End If
End Sub
```

Eine neue Arbeitsmappe erstellen und speichern

Wenn es die Datei noch nicht gibt, die Sie öffnen möchten, können Sie die natürlich auch mit VBA erstellen. In diesem Fall sollten Sie allerdings vorab prüfen, ob es die Datei gibt. Generell gibt es dazu zwei Möglichkeiten.

- Sie versuchen die Datei mit der `Open`-Methode zu öffnen. Wenn das nicht gelingt, gibt es die Datei vermutlich nicht.
- Sie prüfen mit der `Dir`-Funktion, ob es die Datei gibt.

Die `Dir`-Funktion ist die sicherere, denn das Öffnen der Datei könnte auch deshalb misslingen, weil es schon eine andere geöffnete Datei mit gleichem Namen aber anderem Verzeichnis gibt.

■ Prüfen, ob eine Datei vorhanden ist

Mit der `Dir`-Funktion können Sie prüfen, ob es eine bestimmte Datei oder ein Verzeichnis gibt. Sie können Sie aber auch nutzen, um beispielsweise alle Dateien eines Verzeichnisses aufzulisten.

Sie übergeben an die `Dir`-Funktion den Dateinamen inclusive Pfadangabe. Gibt es die Datei, gibt die `Dir`-Funktion den Dateinamen zurück, ansonsten eine leere Zeichenfolge. Sie müssen also lediglich prüfen, ob der Rückgabewert größer als eine leere Zeichenfolge „" ist. Das bedeutet, dass es die Datei gibt und Sie können Sie mit der eben erstellten Prozedur `Arbeitsmappe_Oeffnen` öffnen.

Andernfalls erstellen Sie mit der `Add`-Methode der `Workbooks`-Auflistung eine neue Arbeitsmappe. Sie wird erzeugt und an die Auflistung angefügt. Die `Add`-Methode gibt die Arbeitsmappe als `Workbook`-Objekt zurück, so dass Sie es der Objektvariablen `objWB` zuweisen können.

Noch hat die Arbeitsmappe aber keinen Namen. Dazu müssen Sie die Arbeitsmappe mit `SaveAs` speichern. Dazu übergeben Sie den Parameter `strDatei` an die `SaveAs`-Methode.

```
Sub neueArbeitsmappe(strDatei As String)
    'Erstellt eine neue Arbeitsmappe

    Dim objWB As Workbook

    'Prüfen, ob die Arbeitsmappe vorhanden ist
    If Dir(strDatei) > "" Then
        'Datei vorhanden ... öffnen
        Arbeitsmappe_Oeffnen strDatei
    Else
        'Datei erstellen
        Set objWB = Application.Workbooks.Add()
        objWB.SaveAs strDatei
    End If

End Sub
```

Eigene Benutzeroberflächen gestalten

Vielleicht haben Sie sich schon gefragt, wie Sie Benutzeroberflächen mit VBA-Makros so gestalten können, dass sie einfach und komfortabel zu bedienen sind?

Benutzeroberflächen bestehen grundsätzlich aus Dialogfeldern, die mit Hilfe bestimmter Steuerelemente Einstellungen und Daten entgegennehmen. Excel bietet mehrere Möglichkeiten zur Anzeige solcher Dialogfelder

- Einfache Meldungen mit `MsgBox`
- Eingabefelder mit `InputBox`
- Die integrierten Dialogfelder von Excel
- Die Methoden `GetOpenFilename` und `GetSaveAsFilename`.
- Eigene Dialogfelder mit Hilfe von User-Forms

Die wichtigsten dieser Möglichkeiten werden Sie nun kennenlernen.

Meldungen und Eingabe-aufforderungen anzeigen

Dass Sie Meldungen mit der `MsgBox`-Funktion ausgeben können, wissen Sie inzwischen. Nun leistet die `MsgBox`-Funktion aber noch mehr. Sie verfügt wie jede Funktion über einen Rückgabewert, den Sie bisher noch nicht genutzt haben. Der Rückgabewert der `MsgBox`-Funktion gibt Auskunft darüber, wie die Meldung geschlossen wurde. Daher bietet es sich an, verschiedene Schaltflächen einzufügen, indem Sie den zweiten Parameter der Funktion entsprechend angeben. So können Sie dann beispielsweise dem Benutzer zwei Alternativen zur Auswahl anbieten.

Mit dem zweiten Parameter der `MsgBox`-Funktion definieren Sie das Symbol, das in der Meldung angezeigt werden soll, sowie die Schaltflächen, indem Sie beide Konstanten addieren. Möchten Sie das Symbol *Fragezeichen* und die Schaltflächen JA und NEIN anzeigen lassen, müsste der Aufruf der `MsgBox`-Funktion wie folgt lauten:

```
Sub Meldung()
    Dim bytAntw As Byte
    bytAntw = MsgBox("Möchten Sie die Arbeitsmappe speichern?", _
        vbQuestion + vbYesNo)
    If bytAntw = vbYes Then
        ThisWorkbook.Save
    End If
End Sub
```

Den Rückgabewert der `MsgBox`-Funktion können Sie einer Variablen des Typs `Byte` zuweisen. Sie können danach prüfen, welchen Rückgabewert die Funktion geliefert hat, indem Sie den Rückgabewert mit den vordefinierten Konstanten `vbYes` (JA-Button) und `vbNo` (NEIN-Button) vergleichen. Im Beispiel wird geprüft, ob auf die JA-Schaltfläche geklickt wurde und in diesem Fall die Arbeitsmappe mit der `Save`-Methode gespeichert.

Möchten Sie Werte vom Benutzer einlesen, können Sie dazu die `InputBox`-Funktion verwenden. Sie gibt die eingegebenen Werte zurück.

Diese Funktion erwartet mindestens einen Parameter – den ersten. Damit legen Sie den Text fest, der dem Benutzer als Eingabeaufforderung angezeigt wird. Der zweite Parameter bestimmt den Titel des Fensters, der dritte den standardmäßig angezeigten Text im Eingabefeld. Der folgende Code führt dazu, dass der Rückgabewert im Testfenster ausgegeben wird:

```
Sub Eingabe()
    Debug.Print InputBox( _
        "Bitte geben Sie einen Text ein!", "Eingabe", "Text")
End Sub
```

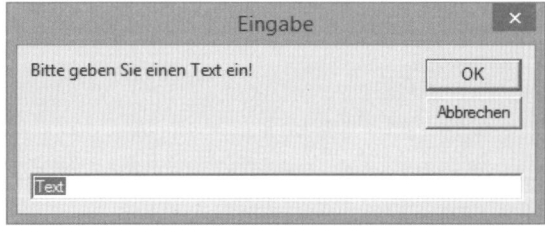

Schließt der Benutzer die Eingabeaufforderung mit der ABBRECHEN-Schaltfläche,
gibt die Funktion eine leere Zeichenfolge
zurück.

Datei- und Verzeichnisnamen auswählen

Möchten Sie dem Benutzer die Möglichkeit
bieten, eine bestimmte Datei zu öffnen
oder unter einem anderen Namen zu
speichern, können Sie den systemeigenen
Dateiauswahl- und Speichern-Dialog
nutzen.

Das folgende Beispiel demonstriert die
Verwendung der `GetOpenFilename`-
Methode. Sie zeigt einen Dateiauswahl-
dialog zum Öffnen von Dateien an. Analog
dazu gibt es eine Methode
`GetSaveAsFilename`, die einen Speichern-
Unter-Dialog anzeigt.

> Der Unterschied: Die Schaltflächen sind
> unterschiedlich beschriftet, und mit dem
> Öffnen-Dialog kann mehr als eine Datei
> ausgewählt werden.

Als ersten Parameter sollten Sie eine
Zeichenfolge für den Dateifilter angeben.
Ohne diesen Parameter werden alle
Dateien zur Auswahl angeboten; ist er
vorhanden, können Sie die Dateitypen
eingrenzen. Sie können dann z.B. nur die
Auswahl von Textdateien und Excel-
Dateien gestatten, indem Sie den Datei-
filter für diese beiden Typen angeben.
Wichtig ist dabei die korrekte Syntax der
Zeichenfolge.

`Beschreibung (Dateityp), Dateityp,`
`Beschreibung (Dateityp), Dateityp`
`...`

Für jeden Dateityp, der zur Auswahl
angeboten werden soll, beginnen Sie mit
der Beschreibung, z.B. „Excel-Arbeits-
mappen", gefolgt von einer Zeichenfolge,
die den Filterausdruck darstellt. Sie darf
DOS-Platzhalterzeichen enthalten:

`Excel-Arbeitsmappen (*.xls)`

Dann folgt zwingend ein Komma und
danach erneut der Filterausdruck:

`Excel-Arbeitsmappen (*.xls), *.xls`

Möchten Sie mehrere Dateitypen definieren, hängen Sie einfach nach einem
Komma die nächste Zeichenfolge an.

Mit dem zweiten Parameter legen Sie den
Filterausdruck fest, der vorausgewählt
sein soll. Der erste Ausdruck hat den Wert
1, der zweite 2 etc. Im Beispiel werden
also standardmäßig Excel-Dateien zur
Auswahl angeboten.

Mit dem dritten Parameter bestimmen Sie
den Titel des Fensters.

Der letzte Parameter bestimmt, ob nur
eine Datei ausgewählt (`False`) oder ob
mehrere Dateien (`True`) ausgewählt
werden können. Im Beispiel wird nur eine
Datei ausgewählt, die den Rückgabewert
der Funktion darstellt.

Diese Datei wird später an die `Open`-
Methode der `Workbooks`-Auflistung übergeben, um sie zu öffnen.

```
Sub DateiOeffnen2()
    Dim strDatei As String
    strDatei = Application.GetOpenFilename( _
    "Excel-Arbeitsmappen (*.xls), *.xls,Textdateien (*.txt), *.txt", _
    1, "Bitte wählen Sie die Datei", "Öffnen", False)
    Application.Workbooks.Open strDatei
End Sub
```

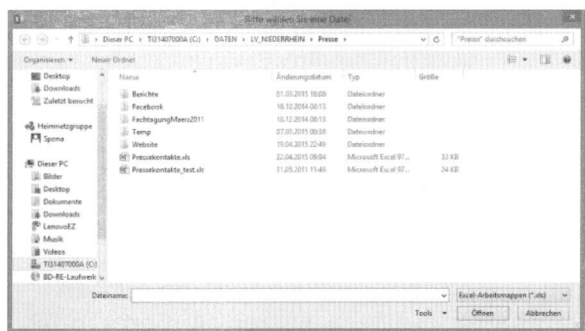

Der Rückgabewert der Methode
`GetOpenFilename` ist Name und Pfad der
ausgewählten Datei. Das gilt aber nur,
solange der Benutzer den Dialog nicht mit
ABBRECHEN schließt. In diesem Fall gibt die
Methode den booleschen Wert `False`
zurück, der bei Zuweisung an eine Variable des Typs `String` in „Falsch" konvertiert wird. Eine solche Datei kann natürlich
nicht geöffnet werden, weil sie in aller
Regel nicht existiert. Soll der Code auch
dann fehlerfrei ausgeführt werden, wenn
der Benutzer auf ABBRECHEN klickt, müssen

Sie ihn also noch etwas erweitern. Bevor Sie den Rückgabewert an die `Open`-Methode übergeben, sollten Sie prüfen, ob er nach Konvertierung in eine Zeichenkette den gleichen Wert hat wie der in eine Zeichenkette konvertierte Wert `False`. In diesem Fall hat der Benutzer auf Abbrechen geklickt und Sie können die Prozedur verlassen, ohne die Datei zu öffnen. Um die Prozedur vor Erreichen von `End Sub` zu verlassen, rufen Sie die Anweisung `Exit Sub` auf.

> Innerhalb einer Funktion können Sie `Exit Function` verwenden, um sie vorzeitig zu beenden.

Möchten Sie einen Wert explizit in eine Zeichenkette konvertieren, übergeben Sie ihn als Parameter an die Funktion `CStr`.

Denkbar wäre zwar auch, den booleschen Ausdruck `CStr(strDatei) = "Falsch"` zu verwenden; allerdings funktioniert das dann nur in deutschen Versionen, weil z.B. in einer englischen Version der boolesche Wert `false` zu „False" konvertiert würde. Der hier verwendete Ausdruck funktioniert in jeder Excel-Version.

```
Sub DateiOeffnen2()
    Dim strDatei As String
    strDatei = Application.GetOpenFilename( _
        "Excel-Arbeitsmappen (*.xls), *.xls,Textdateien (*.txt), *.txt", _
        1, "Bitte wählen Sie eine Datei", "Öffnen", False)
    If CStr(strDatei) = CStr(False) Then
        Exit Sub
    End If
    Application.Workbooks.Open strDatei
End Sub
```

Möchten Sie mit dem Dialogfeld mehrere Dateien öffnen, müssen Sie den letzten Parameter auf `True` setzen. Außerdem ist der Rückgabewert dann ein `Variant`-Wert, der intern aus einer Matrix (=Array) besteht. Diese können Sie ganz einfach mit der For-Each-Schleife durchlaufen. Das folgende Listing zeigt, wie Sie die Namen aller ausgewählten Dateien im Testfenster ausgeben können.

Wichtig ist dabei, dass die Variable, die den Rückgabewert der `GetOpenFilename`-Methode aufnimmt, den Datentyp `Variant` hat. Außerdem müssen Sie nun einen anderen Ausdruck formulieren, um zu prüfen, ob der Benutzer auf Abbrechen ge-

klickt hat. Mit der `IsArray`-Funktion können Sie feststellen, ob es sich bei dem Rückgabewert um eine Matrix handelt. In diesem Fall hat der Benutzer mindestens eine Datei ausgewählt. Klickt er auf Abbrechen gibt die Methode wieder den booleschen Wert `False` zurück, da es sich dann ja nicht um eine Matrix handelt, so dass die `IsArray`-Funktion den Wert `False` hat.

> Matrizen, auch Arrays oder Datenfelder genannt, können Sie sehr vielfältig nutzen und auch selbst erstellen. Allerdings würde es in dieser VBA-Einführung zu weit führen, sie im Detail zu erläutern. Informationen dazu finden Sie z.B. in der VBA-Hilfe unter dem Stichwort `Array`.

```
Sub mehrereDateien()
    Dim strDatei As Variant
    Dim strDateien As Variant
    strDateien = Application.GetOpenFilename( _
        "Excel-Arbeitsmappen (*.xls), *.xls,Textdateien (*.txt), *.txt", _
        1, "Bitte wählen Sie eine Datei", "Öffnen", True)
    If IsArray(strDateien) = False Then
        Exit Sub
    End If
    For Each strDatei In strDateien
        Debug.Print strDatei
    Next strDatei
End Sub
```

Analog zur `GetOpenFilename`-Methode können Sie auch die `GetSaveAsFilename`-Methode verwenden, um einen Datei-Speichern-Unter-Dialog einzublenden. Hier können Sie mit dem optionalen ersten Parameter einen Dateinamen vorschlagen, den der Benutzer dann überschreiben kann. Im Beispiel wird dieser Parameter nicht angegeben.

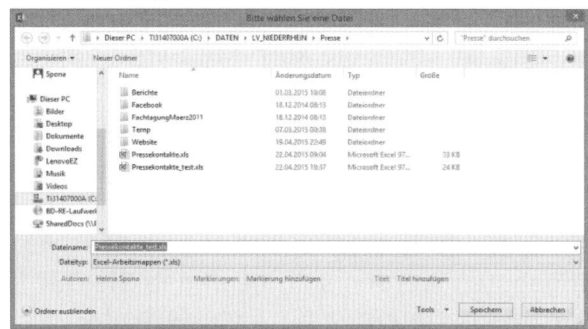

```
Sub DateiSpeichern()
    Dim strDatei As String
    strDatei = Application.GetSaveAsFilename(, _
        "Excel-Arbeitsmappen (*.xls), *.xls", 1, _
        "Bitte wählen Sie eine Datei", "Öffnen")
    If CStr(strDatei) = CStr(False) Then
        Exit Sub
    End If
    Debug.Print strDatei
End Sub
```

Eigene Dialogfelder erstellen

Möchten Sie komfortable Eingabemasken für die Erfassung von Daten erstellen oder mehrere Programmeinstellungen vom Benutzer entgegennehmen, können Sie dafür auch eigene Dialogfelder erstellen.

Für diesen Zweck gibt es spezielle Module, die UserForms. Sie bestehen aus einer grafischen Oberfläche und einem Code-modul, in dem Sie den entsprechenden Code hinterlegen.

In eine solche UserForm können Sie über eine Werkzeugleiste spezielle Steuer-elemente einfügen. Das folgende Beispiel demonstriert die wichtigsten. Es stellt eine einfache Benutzeroberfläche für die Ein-gabe der Arbeitszeitdaten in die Tabelle dar, die Sie bereits ab Seite 34 „Arbeiten mit Excel-Objekten" erstellt haben. Die Eingabe der Daten soll in Tabellenblättern erfolgen, die der Monatsnummer des aktuellen Monats entspricht.

■ Eine UserForm erstellen

Eine UserForm erstellen Sie, indem Sie im Menü der Entwicklungsumgebung den Eintrag EINFÜGEN | USERFORM wählen.

Damit ist die UserForm zunächst einmal erstellt. Sie können Sie nun nach Wunsch benennen und formatieren. Gehen Sie dazu wie folgt vor:

Setzen Sie den Cursor in das Feld NAME im Eigenschaftenfenster und überschreiben Sie den vorhandenen Namen Userform1 mit dem Namen, den die Userform bekommen soll, z.B. Dateneingabe.

Nun können Sie den Fenstertitel festlegen, indem Sie den Cursor in die Eigenschaft

CAPTION stellen und den dortigen Text überschreiben. Speichern Sie nun die UserForm, indem Sie auf die SPEICHERN-Schaltfläche der Symbolleiste klicken.

■ Aktivieren und Ausführen der UserForm

Um jetzt die UserForm auszuführen, klicken Sie die Userform an, um Sie zu aktivieren und wählen dann aus dem Menü AUSFÜHREN | SUB | USERFORM AUSFÜHREN aus.

Sie beenden Ihren Test, indem Sie auf die SCHLIEẞEN-Schaltfläche im Fenstertitel der UserForm klicken und landen dann wieder in der Entwurfsansicht.

■ Eingabefelder und Labelfelder einfügen

Nun fehlen natürlich noch die Steuer-elemente. Soll der Benutzer Daten eingeben und verändern, müssen Sie die entsprechenden Eingabefelder einfügen. Zum Beschriften ergänzen Sie diese um Labelfelder.

Sie benötigen für die Erfassung der Daten zwei Felder für die Uhrzeiten, sowie ein Feld für das Datum und ein Textfeld für die Eingabe eines Textes in die Spalte „Tätigkeit".

■ Ein Textfeld einfügen

Gehen Sie zum Einfügen der Textfelder wie folgt vor:

- Klicken Sie in der Werkzeugleiste auf das Symbol Textfeld.

- Ziehen Sie nun in der Entwurfsansicht der Userform mit der Maus einen Rahmen in der gewünschten Größe.

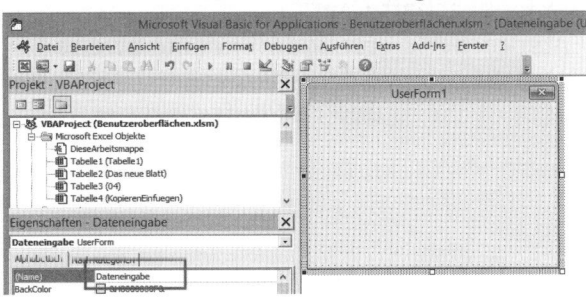

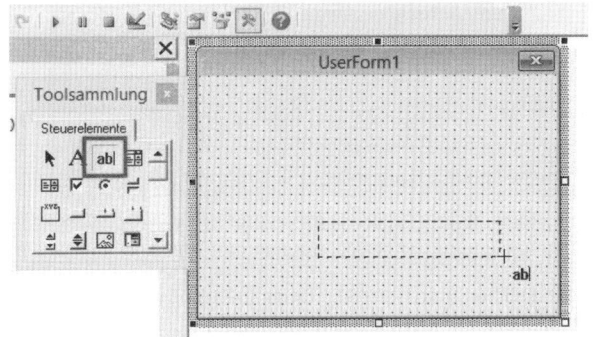

Um den Rahmen aufzuziehen, klicken Sie nun in die Entwurfsansicht des Formulars, halten die Maustaste gedrückt und ziehen die Maus nach rechts unten, bis der erzeugte Rahmen die gewünschte Größe für das Eingabefeld hat. Nun lassen Sie die die Maustaste los.

- Das Textfeld ist markiert, und Sie können seine Eigenschaften im Eigenschaftenfenster einstellen. Dazu setzen Sie den Cursor in das Feld NAME und geben dort `txtTaetigkeit` ein.
- Dann verschieben Sie das Steuerelement an die gewünschte Stelle im Formular – wobei Sie rechts oder links von ihm Platz für die Beschriftung lassen müssen.
- Um die Beschriftung einzufügen, klicken Sie in der Werkzeugleiste auf das Symbol BEZEICHNUNGSFELD, links neben dem Textfeld.
- Jetzt ziehen Sie wieder einen Rahmen mit der gewünschten Größe, um das Steuerelement einzufügen.
- Klicken Sie im Eigenschaftenfenster in die Eigenschaft CAPTION und geben Sie den Text "Tätigkeit" ein, der daraufhin im Steuerelement als Aufschrift erscheint.
- Jetzt schieben Sie das Steuerelement an seinen Ort neben dem Eingabefeld.

Wenn der Platz im Dialogfeld nicht ausreicht, können Sie dieses vergrößern, indem Sie mit der Maus an den Markierungspunkten ziehen und das Formular auf die gewünschte Größe ziehen.

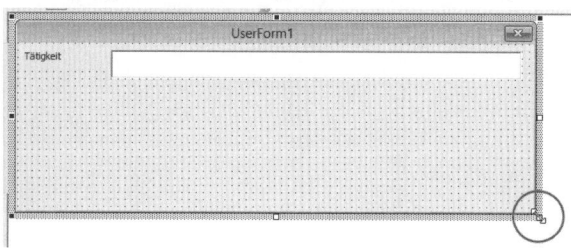

Entsprechend fügen Sie Textfelder mit den Namen `txtVon`, `txtBis` und `txtDatum` ein und beschriften sie.

> Schneller geht, es wenn Sie die vorhandenen Steuerelemente kopieren: Dazu ziehen Sie mit der Maus einen Rahmen um beide Steuerelemente und wählen BEARBEITEN | KOPIEREN. Dann wählen Sie BEARBEITEN | EINFÜGEN, setzen die NAME-Eigenschaft des Eingabefeldes und geben die CAPTION-Eigenschaft des Beschriftungsfeldes ein – wobei Sie natürlich jedes Steuerelement einzeln markieren müssen.

So könnte das Formular nach Erstellen der Steuerelemente aussehen:

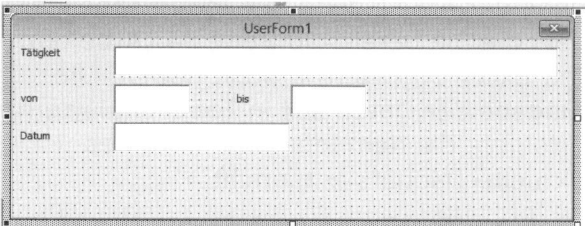

■ Schaltflächen zum Schließen und Speichern einfügen

Der Benutzer sollte das Dialogfeld später komfortabel schließen können. Also fügen Sie eine OK-Schaltfläche ein– und natürlich eine Schaltfläche zum Speichern der Eingaben. Dazu gehen Sie folgendermaßen vor:

Sie klicken in der Werkzeugleiste auf BEFEHLSSCHALTFLÄCHE und ziehen einen Rahmen auf der Zeichnungsfläche der UserForm.

Setzen Sie im Eigenschaftenfenster die Eigenschaft NAME auf `bttSchliessen` und die Eigenschaft CAPTION auf `Schließen`. Entsprechend erzeugen Sie eine zweite Schaltfläche mit dem Namen `bttSpeichern` und der Aufschrift `Speichern`.

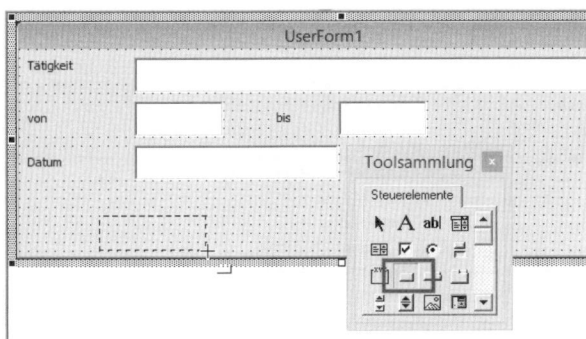

Am Ende sollte das Formular wie folgt aussehen:

▣ Die UserForm anzeigen lassen

Möchten Sie das Formular per VBA ausführen, müssen Sie Code in einem normalen Modul erstellen. Sie klicken im Projektexplorer doppelt auf ein solches Modul (Rubrik MODULE) und geben folgenden Code ein:

```
Sub UserFormaufrufen()
    Dateneingabe.Show
End Sub
```

Sie rufen hierin einfach die Show-Methode der Userform auf. Wichtig ist, dass der Namen vor .Show dem Namen der User-Form entspricht. Wenn Sie die Prozedur ausführen, wird die Userform angezeigt. Schließen können Sie sie über die eingefügten Schaltflächen aber noch nicht – der Code dafür fehlt noch. Wie Sie ihn erstellen, erfahren Sie im folgenden Abschnitt „Auf Ereignisse und Fehler reagieren".

Auf Ereignisse und Fehler reagieren

Zwei Themen haben wir bisher ausgeklammert: die Themen *Ereignisprozeduren* und *Fehlerbehandlung*. Diese Themen gehören insofern zusammen, als auch ein Laufzeitfehler ein besonderes Ereignis darstellt.

Ereignisse sind Situationen, die den normalen Programmablauf unterbrechen.

Die Klasse, aus der ein Objekt erzeugt wurde, bestimmt, welche Ereignisse ein Objekt hat. Sie können diese nutzen, um z.B. festzulegen, dass bei Eintreten eines Ereignisses bestimmte Anweisungen ausgeführt werden sollen. Diese Anweisungen befinden sich in den sogenannten Ereignisprozeduren.

Code bei Ereigniseintritt ausführen

Soll Code ausgeführt werden, wenn ein bestimmtes Ereignis eintritt, müssen Sie also eine Ereignisprozedur erstellen. Auf diese Weise können Sie z.B. in der UserForm, die Sie im vorherigen Abschnitt „Eigene Benutzeroberflächen gestalten" erstellt hast, beim Anzeigen der UserForm den ersten Datensatz der Tabelle anzeigen lassen deren Namen der aktuellen Monatsnummer entspricht.

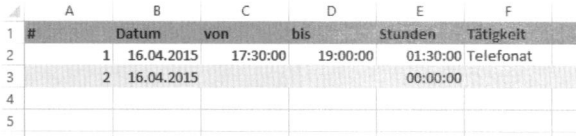

Eine solche Ereignisprozedur erstellen Sie wie folgt:

- Im Projektexplorer klicken Sie auf die UserForm, so dass der Eintrag markiert ist.
- Klicken Sie jetzt auf das Symbol CODE ANZEIGEN.

Die Entwicklungsumgebung zeigt nun das noch leere Codemodul der UserForm an. Dabei handelt es sich jedoch nicht um ein Standardmodul, sondern um ein Klassenmodul.

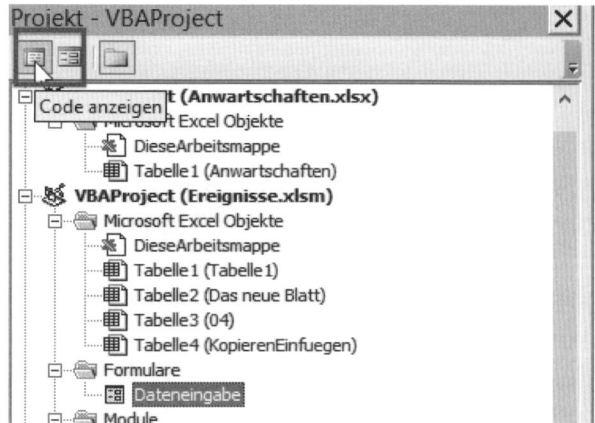

In einem solchen Klassenmodul lässt sich nicht alles machen, was in normalen Modulen machbar ist. Dafür bietet es andere Vorteile – etwa die Möglichkeit, Ereignisprozeduren zu erstellen.

- In der der linken Auswahlliste am oberen Fensterrand (Objektliste) wählen Sie den Eintrag USERFORM
- In der rechten Auswahlliste (Ereignisliste) wählen Sie den Eintrag INITIALIZE. Damit haben Sie die leere Ereignisprozedur erstellt.

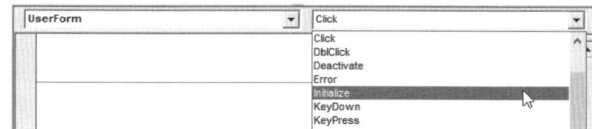

Das `Initialize`-Ereignis eines Objekts (hier die UserForm) tritt ein, wenn das Objekt erzeugt wird. Bei einer UserForm ist das z.B. der Fall, wenn die UserForm geladen wird. Normalerweise geschieht das, wenn Sie die UserForm mit der `Show`-Methode anzeigen, vorausgesetzt sie war zuvor nicht nur mit der `Hide`-Methode ausgeblendet.

```
Private Sub UserForm_Initialize()

End Sub
```

Fehlt noch der Code in der leeren Ereignisprozedur. Damit der erste Datensatz angezeigt wird, sollten Sie zunächst am

Anfang des Moduls, außerhalb einer Prozedur, zwei Variablen deklarieren:

```
Dim objTab as Worksheet

Dim lngZeile As Long
```

Die Variable `lngZeile` dient dazu, die Zeilennummer des aktuell angezeigten Datensatzes zu speichern. Die benötigen Sie, wenn Änderungen im Datensatz über den SPEICHERN-Button gespeichert werden sollen. Die andere Variable speichert das Tabellenblatt, dessen Datensätze aktuell angezeigt bzw. bearbeitet werden.

In der Ereignisprozedur deklarieren Sie zuerst eine Variable des Typs String, der Sie später den Namen des Blattes zuweisen. Da die Blätter die Nummer des aktuellen Monats haben sollen und generell zweistellig sind, müssen Sie zunächst mit `Month(Date)` den aktuellen Monat abrufen und prüfen, ob der kleiner als 10 ist. In diesem Fall müssen Sie eine führende 0 als Text davorstellen, damit beispielsweise aus „4" eine „04" wird.

Danach weisen Sie der Variablen `objTab` das Tabellenblatt zu, indem Sie die Variable `strBlattname` an die `Worksheets`-Auflistung übergeben. Anschließend setzen Sie die Variable `lngZeile` auf den Wert 2, denn der erste Datensatz steht in der zweiten Zeile, die erste enthält ja die Spaltenüberschriften.

```
Private Sub UserForm_Initialize()
    Dim strBlattname As String
    If Month(Date) < 10 Then
        strBlattname = "0" & Month(Date)
    Else
        strBlattname = Month(Date)
    End If
    Set objTab = Application.ThisWorkbook.Worksheets(strBlattname)
    lngZeile = 2
    Datenanzeigen
End Sub
```

> Hier dürfen Sie nicht die Variable `objTab` auf `Nothing` setzen, denn Sie benötigen diese ja noch, wenn der Nutzer beispielsweise Daten speichern möchte oder vielleicht einen neuen Datensatz erzeugen können soll.

Durch Aufruf der Prozedur `Datenanzeigen`, die Sie gleich noch erstellen müssen, werden die Daten in die Userform geladen.

■ Die Prozedur zum Anzeigen der Daten

Bevor Sie den Code testen können, müssen Sie noch die Prozedur `Datenanzeigen` erstellen.

Innerhalb der Prozedur definieren Sie zunächst eine Variable des Typs `Range`. Dieser weisen Sie dann die Zeile zu, deren Daten angezeigt werden sollen und die in der Variablen `lngZeile` definiert ist.

Nun weisen Sie den einzelnen Textfeldern in der UserForm ihre Daten zu. Das ist bei allen gleich. Mit `Me.` Verweisen Sie zunächst auf die UserForm, deren Formularfelder Sie ansprechen möchten. Dann schlägt Ihnen IntelliSense schon die verfügbaren Eigenschaften vor. Darunter auch die Namen der Steuerelemente in der UserForm. Jedes Textfeld hat eine Eigenschaft `Text`, die den angezeigten Text festlegt bzw. über den Sie den Text abrufen können. Mit

```
Me.txtDatum.Text= _
    objZeile.Cells(1,2).value
```

weisen Sie also dem Textfeld `txtDatum` den Inhalt der zweiten Spalte in der entsprechenden Zeile als Inhalt zu.

Eine Besonderheit gibt es allerdings bei den Tabellenzellen, in denen Uhrzeiten gespeichert sind. Intern speichert Excel die als Fließkommazahlen, damit sie dann nicht etwas wie 0,1733452 in der UserForm angezeigt werden, sollten Sie sie explizit in Datumswerte konvertieren, indem Sie den Zellwert an die Funktion `CDate` übergeben. Sie wandelt den Wert in einen Datumswert um, so dass im Textfeld dann ein korrekt formatierter Wert angezeigt wird.

```
Sub Datenanzeigen()
    Dim objZeile As Range
    Set objZeile = objTab.Rows(lngZeile)
    Me.txtDatum.Text = objZeile.Cells(1, 2).Value
    Me.txtVon.Text = CDate(objZeile.Cells(1, 3).Value)
    Me.txtBis.Text = CDate(objZeile.Cells(1, 4).Value)
    Me.txtTaetigkeit.Text = objZeile.Cells(1, 6).Value
    Set objZeile = Nothing

End Sub
```

Wichtig ist, dass Sie die Prozedur `Datenanzeigen` auch in das Modul der

UserForm einfügen, in der sich auch die Ereignisprozedur für das `Initialize`-Ereignis befindet.

Wenn Sie nun die UserForm ausführen, wird der erste Datensatz angezeigt.

Schließen Sie jetzt einfach das Dialogfeld mit der SCHLIEßEN-Schaltfläche rechts oben in der Fensterecke. Die untere funktioniert ja noch nicht.

> Sollte es zu einer Fehlermeldung kommen, kann das daran liegen, dass es für den aktuellen Monat in Ihrer Arbeitsmappe noch gar kein Blatt gibt. Bitte lesen Sie in diesem Fall erst den Abschnitt zur Fehlerbehandlung weiter unten.

■ Auf die Bedienung von Steuerelementen reagieren

Jetzt fehlt noch Code, mit dem Sie Änderungen in den Eingabefeldern auch in die Tabelle schreiben können und mit dem Sie das Formular schließen können. Dazu müssen Sie für die beiden Schaltflächen Code hinterlegen. Am einfachsten lässt sich die Ereignisprozedur für das Click-Ereignis von Schaltflächen erstellen, indem Sie sie in der Entwurfsansicht anklicken. Gehen Sie dafür wie folgt vor:

- Aktivieren Sie die Layout-Ansicht der UserForm, indem Sie im Projektinspektor die UserForm markieren und dann auf das Symbol OBJEKT ANZEIGEN klicken.
- Klicken nun doppelt auf die Schaltfläche SCHLIEßEN.
- Wiederholen Sie den vorherigen Schritt für die Schaltfläche SPEICHERN.

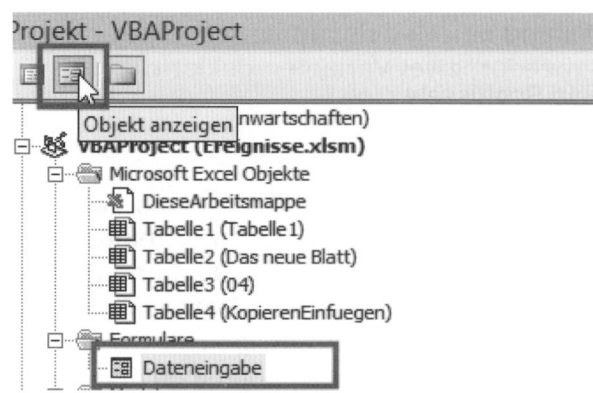

Damit haben Sie die Ereignisprozeduren erzeugt.

> Ereignisprozeduren werden einem Steuerelement grundsätzlich über seinen Namen zugeordnet. Der Prozedurname beginnt mit dem Namen des Steuerelement (z.B. `bttSchliessen`, dann folgt ein Unterstrich und dann der Name des Ereignisses. Das bedeutet, dass Sie Steuerelemente später nicht umbenennen dürfen. Sollten Sie es dennoch tun, müssen Sie auch die Ereignisprozeduren entsprechend umbenennen – andernfalls klappt die Zuordnung nicht, und der Code wird nicht ausgeführt.

```
Private Sub bttSchliessen_Click()

End Sub


Private Sub bttSpeichern_Click()

End Sub
```

■ Das Formular über den Button schließen

Nun fehlt noch der Code, mit dem das Formular wirklich geschlossen werden kann. Diesen fügen Sie in die Prozedur `bttSchliessen` ein.

Sie muss zwei Aufgaben erfüllen:

- das Formular ausblenden
- und aus dem Speicher entfernen

Mit `Me.Hide` blenden Sie die UserForm aus. Sie ist dann aber nur unsichtbar und befindet sich noch im Speicher. Um sie auch dort zu entfernen, rufen Sie die `Unload`-Anweisung auf und übergeben ihr das Schlüsselwort `Me`.

```
Private Sub bttSchliessen_Click()
    Me.Hide
    Unload Me
End Sub
```

■ Die Daten speichern

Um die Daten zu speichern, sollten Sie sich wieder eine Hilfsfunktion `Datenspeichern` erstellen, der Sie das Tabellenblatt übergeben. Sie funktioniert wie die Prozedur `Datenanzeigen`; nur weisen Sie darin nicht den Steuerelementen die Zellwerte zu, sondern den Zellen die Werte aus den Steuerelementen. Diese Prozedur rufen Sie dann in der Ereignisprozedur nur noch auf.

```
Private Sub bttSpeichern_Click()
    Datenspeichern
End Sub

Sub Datenspeichern()
    Dim objZeile As Range
    Set objZeile = objTab.Rows(lngZeile)
    objZeile.Cells(1, 2).Value = CDate(Me.txtDatum.Text)
    objZeile.Cells(1, 3).Value = Me.txtVon.Text
    objZeile.Cells(1, 4).Value = Me.txtBis.Text
    objZeile.Cells(1, 6).Value = Me.txtTaetigkeit.Text
    Set objZeile = Nothing
End Sub
```

Wichtig ist bei der Prozedur `Datenspeichern`, dass Sie hier das Datum im Feld `txtDatum` vor der Übergabe an die `Value`-Eigenschaft der Zelle in einen Datumswert konvertieren, indem Sie den Wert an die `CDate`-Funktion übergeben. Ansonsten würde das Datum als Text in die Zelle geschrieben.

Damit ist der grundlegende Code fertig. Sie können die Userform nun ausführen, beispielsweise über die Prozedur `UserFormaufrufen`, die Sie zuvor schon erstellt haben.

> Prozeduren ohne Parameter können Sie auch in die Schnellstartleiste einfügen und so direkt starten, ohne dazu das Codemodul öffnen zu müssen.

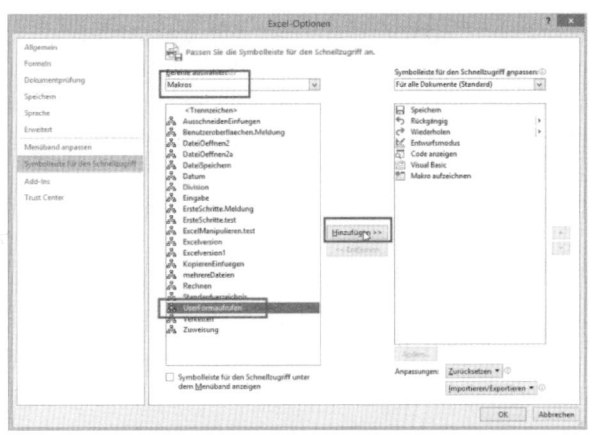

Das Formular optimieren

Sie können nun noch Buttons zum Navigieren, sowie zum Erzeugen eines neuen Datensatzes einfügen. Das ist gar nicht aufwändig, denn fast alles, was Sie dazu brauchen, haben Sie bereits erstellt.

- Fügen Sie einfach drei weitere Buttons ein und geben Sie ihnen die Namen `bttWeiter`, `bttZurueck` und `bttNeu` und beschriften Sie sie über die CAPTION-Eigenschaft mit „>", „<" und „Neu".
- Erstellen Sie für jeden Button eine Ereignisprozedur für das `Click`-Ereignis, indem Sie doppelt auf den Button klicken.

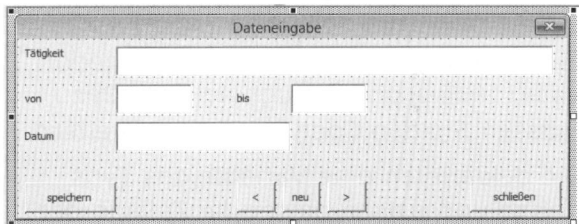

Nun müssen Sie nur noch den Code hinzufügen. Für den WEITER- bzw. ZURÜCK-Button, müsse Sie nur den Wert der Variablen `lngZeile` um 1 erhöhen oder reduzieren. Beim Reduzieren müssen Sie allerdings verhindern, dass der Wert kleiner als 2 wird.

Um einen neuen Datensatz zu erstellen, rufen Sie die Prozedur `neuerDatensatz` auf und übergeben den Namen des Tabellenblattes den Sie über die `Name`-Eigenschaft des `Worksheet`-Objekts ermitteln können, das in der Variablen `objTab` gespeichert ist. Danach müssen Sie aber noch die Variable `lngZeile` um eins erhöhen, damit der neue Datensatz auch angezeigt wird, wenn Sie die Prozedur `Datenanzeigen` aufrufen.

```
Private Sub bttNeu_Click()
    neuerDatensatz objTab.Name
    lngZeile = lngZeile + 1
    Datenanzeigen
End Sub
```

```
Private Sub bttWeiter_Click()
    lngZeile = lngZeile + 1
    Datenanzeigen
End Sub
```

```
Private Sub bttZurueck_Click()
    lngZeile = lngZeile - 1
    If lngZeile < 2 Then lngZeile = 2
    Datenanzeigen
End Sub
```

Wenn Sie möchten, können Sie jetzt noch die Ereignisprozedur für den WEITER-Button ergänzen und dort prüfen, ob die aktuelle Zeile leer ist. Falls ja, erzeugen Sie einfach einen neuen Datensatz mit der Funktion `neuerDatensatz` oder verhindern, dass zu dieser Zeile gewechselt wird. Würde der Nutzer nämlich immer weiter blättern, und in den vermeintlich leeren Datensatz Eingaben machen, fehlen die Formeln, die erst durch die Prozedur `neuerDatensatz` erzeugt werden. Dazu müssen Sie den Code wie folgt erweitern.

Sie deklarieren eine Variable des Typs Range und weisen dieser die Zeile in der Tabelle zu, die über die Variable `lngZeile` definiert ist. Anschließend prüfen Sie, ob die erste Zelle den Wert `empty` hat und damit leer ist. Falls ja, müssen Sie noch prüfen, ob es vielleicht die zweite Zeile im Blatt ist, die bei einem gerade erzeugten Blatt nun mal leer ist. In diesem Fall rufen Sie die Prozedur `neuerDatensatz` auf, um den ersten Datensatz zu erstellen. Falls `lngZeile` nicht den Wert 2 hat, reduzieren Sie den Wert der Variablen `lngZeile` um 1, um den vorherigen Datensatz anzuzeigen.

```
Private Sub bttWeiter_Click()
    Dim objZeile As Range
    lngZeile = lngZeile + 1

    Set objZeile = objTab.Rows(lngZeile)
    If objZeile.Cells(1).Value = Empty Then
        If lngZeile = 2 Then
            'zweite Zeile im Blatt ist leer
            neuerDatensatz objTab.Name
        Else
            lngZeile = lngZeile - 1
        End If
    End If

    Datenanzeigen
End Sub
```

Fehlersuche und Fehlerbehandlung

Wenn Sie die UserForm testen, kann es dabei zu Laufzeitfehlern kommen, beispielsweise dann, wenn das Blatt für den jeweiligen Monat noch nicht vorhanden ist.

Möchten Sie die Fehlerquelle finden, bietet der Debugger nützliche Funktionen.

■ Fehlersuche mit dem Debugger

Erhalten Sie eine Fehlermeldung wie die oben dargestellte, können Sie den Debugger starten, indem Sie die Meldung mit einem Klick auf DEBUGGEN schließen.

Darauf unterlegt der Debugger die Zeile gelb, in der der Fehler aufgetreten ist. Der Code befindet sich nun im Unterbrechungsmodus.

```
Sub UserFormaufrufen()
⇨      Dateneingabe.Show
End Sub
```

Oft, das hängt von der Art des Fehlers ab, können Sie mit [F8] zur nächsten Anweisung wechseln. Haben Sie aber den Code nicht geändert, führt das natürlich wieder zu einem Laufzeitfehler. Wenn nicht bei der nächsten Anweisung direkt, dann zumindest an späterer Stelle.

Wenn – wie in oben gezeigtem Fall – der Aufruf einer UserForm als falsch markiert wird, muss das nicht heißen, dass diese Anweisung einen Fehler verursacht. Es kann auch sein (so ist es beispielsweise, wenn das Blatt nicht vorhanden ist), dass eine Anweisung in der Initialize-Ereignisprozedur der UserForm einen Fehler verursacht.

Also sollten Sie sich zunächst auf die Suche nach dem Fehler machen.

■ Anweisungen Schritt für Schritt ausführen

Mit [F8] können Sie Schritt für Schritt die Anweisungen durchgehen bis Sie zu der gelangen, die tatsächlich das Problem ist. Nach der Ausführung jeder Anweisung ist der Code wieder im Unterbrechungsmodus und die nächste Anweisung ist markiert.

Im Beispiel, wenn das entsprechende Blatt mit dem gewünschten Namen nicht vorhanden ist und die Meldung „Index außerhalb des gültigen Bereichs" erscheint, ist die Anweisung `Set objTab = Application.ThisWorkbook.Worksheets( strBlattname)` das Problem. Sie verursacht den Fehler, weil das Blatt mit dem Namen, der in der Variablen `strBlattname` gespeichert ist, nicht vorhanden ist.

■ Variablenwerte ermitteln

```
Private Sub UserForm_Initialize()
    Dim strBlattname As String
    If Month(Date) < 10 Then
        strBlattname = "0" & Month(Date)
    Else
        strBlattname = Month(Date)
    End If
⇨   Set objTab = Application.ThisWorkbook.Worksheets(strBlattname)
    lngZeile = 2        strBlattname = "04"
    Datenanzeigen
End Sub
```

Meist liegen Fehler darin, dass Variablen oder Ausdrücke einen Wert haben, der in dieser Situation nicht gültig ist. Befindet sich der Code im Unterbrechungsmodus, können Sie den Wert einer Variablen oder eines Ausdrucks feststellen, indem Sie mit der Maus auf die Variable zeigen oder einen kompletten Ausdruck markieren und auf die Markierung mit der Maus zeigen.

Der automatische Tooltipp zeigt den Wert der Variablen an.

Im Lokalfenster finden Sie die Variable ebenfalls wieder. Wenn es nicht sichtbar ist, können Sie es mit ANSICHT | LOKAL-FENSTER einblenden. Dort sind die Variablen nach Modulen geordnet. Wenn die aktuelle Codezeile (die gelb unterlegte) innerhalb eines Klassenmoduls steht, finden Sie die Variable in der Rubrik ME.

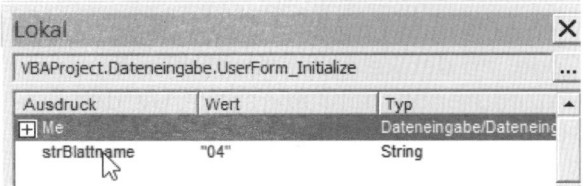

■ Unterbrechungsmodus beenden

Wenn Sie den Grund für den Fehler gefunden haben (in diesem Fall beispielsweise den Namen des Blattes) und jetzt wissen, dass es das Blatt nicht gibt, können Sie den Unterbrechungsmodus beenden, indem Sie oben in der Symbolleiste auf ZURÜCKSETZEN klicken.

Es gibt Situationen, wo vielleicht kein Laufzeitfehler erscheint, aber das Berechnungsergebnis nicht den Erwartungen entspricht. Sie können dann an beliebiger Stelle im Code Haltepunkte setzen, um an dieser Stelle von der Laufzeit in den Unterbrechungsmodus zu schalten und die Anweisungen Schritt für Schritt im Debugger auszuführen. Setzen Sie den Cursor dazu einfach in die gewünschte Zeile und drücken Sie [F9].

In Variablendeklarationen sowie im Prozedurkopf oder Prozedurfuß sind Haltepunkte nicht zulässig.

▪ Fehlerbehandlungsroutinen programmieren

Es gibt zwei Möglichkeiten mit Laufzeit-fehlern umzugehen. Sie können Sie ignorieren oder behandeln. Ignorieren scheidet dann aus, wenn wegen des Laufzeitfehlers das gewünschte Ergebnis nicht erzielt werden kann. Ist das Blatt nicht vorhanden, in das etwas geschrieben werden soll, bringt ignorieren nichts, denn dann können die Daten nicht gespeichert werden.

▪ Fehler ignorieren

Möchten Sie bestimmte Fehler aber ein-fach ignorieren, geben Sie an der Stelle im Code, ab der keine Laufzeitfehler bis zum Prozedurende mehr angezeigt werden sollen, die Anweisung `On Error Resume Next` an.

▪ Fehler behandeln

Sinnvoller ist in aller Regel, die Fehler-quelle zu beseitigen, und den Code an der Stelle fortzusetzen, die den Fehler aus-gelöst hat. Dazu fügen Sie anstelle der On-Error-Resume-Next-Anweisung die Anweisung `On Error Goto Fehler` ein. `Fehler` ist dabei ein Sprungmarkenname, den Sie natürlich auch durch einen anderen Namen ersetzen können.

Außerdem müssen Sie dazu die Sprung-marke definieren. Dazu geben Sie ihren Namen gefolgt von einem Doppelpunkt als einzigen Inhalt der Zeile an. Tritt nun nach der Zeile `On Error Goto Fehler` ein Fehler auf, wird die Codeausführung an der Sprungmarke fortgesetzt. Die Sprung-marke sollte am Ende der Prozedur stehen, und vor ihr sollten Sie in Proze-duren ein `Exit Sub` bzw. in Funktionen ein `Exit Function` einfügen. Das stellt sicher, dass die Anweisungen nach der Sprung-marke wirklich nur dann ausgeführt werden, wenn ein Fehler aufgetreten ist. Möchten Sie die `Initialize`-Ereignis

prozedur, um eine Fehlerbehandlungs-routine ergänzen, müssen Sie sie wie folgt ändern:

```
Private Sub UserForm_Initialize()
    Dim strBlattname As String
    If Month(Date) < 10 Then
        strBlattname = "0" & Month(Date)
    Else
        strBlattname = Month(Date)
    End If
    On Error GoTo FEHLER
    Set objTab = Application.ThisWorkbook.Worksheets(strBlattname)
    lngZeile = 2
    Datenanzeigen
    Exit Sub
FEHLER:
    'Hier folgt die Fehlerbehandlung
End Sub
```

Nun fehlen nur noch die Anweisungen zur Fehlerbehandlung, die Sie einfach hinter die Sprungmarke einfügen.

Jeder Laufzeitfehler wird durch ein `Err`-Objekt repräsentiert. Über seine `Number`-Eigenschaft können Sie die Fehlernummer ermitteln und abhängig davon eine Mel-dung ausgeben oder anderweitig reagie-ren. Beim Fehler 9 an der entsprechenden Stelle in der Prozedur bedeutet dies immer, dass das Blatt nicht existiert, auf das zugegriffen werden soll. Also ist es hier sinnvoll, das Blatt einfach zu er-stellen. Dazu hatten Sie ja bereits eine Prozedur `Spaltentitel` erstellt, die sie nur aufrufen müssen. Sie prüft, ob das gesuchte Blatt vorhanden ist, wenn nicht wird es erstellt und die Spaltenüber-schriften werden eingefügt. Anschließend sorgt die `Resume`-Anweisung dafür, dass die Anweisung, die den Fehler verursacht hat, erneut ausgeführt wird.

```
FEHLER:
    'Hier folgt die Fehlerbehandlung
    If Err.Number = 9 Then
        Spaltentitel strBlattname
        Resume
    Else
        MsgBox "FEHLER " & Err.Number & ": " & Err.Description, vbCritical, "FEHLER"
        Resume Next
    End If
```

Bei jedem anderen Fehler wird die Fehler-meldung ausgegeben, die Sie über die `Description`-Eigenschaft ermitteln kön-nen. Mit der `Resume-Next`-Anweisung kön-nen Sie bestimmen, dass mit der Anwei-sung fortgefahren wird, die auf die Anwei-sung folgt, die den Fehler verursacht hat.

Wichtige VBA-Datentypen

Datentyp	Wertebereich	Erläuterungen
Byte	0 bis 255	Ganze, positive Zahlen
Integer	-32.768 bis 32.767	Ganze Zahlen
Long	-2.147.483.648 bis 2.147.483.647	Ganze Zahlen
Single (Gleitkommazahl einfacher Genauigkeit)	-3,402823E38 bis -1,401298E-45 für negative Werte; 1,401298E-45 bis 3,402823E38 für positive Werte	Fließkommazahl mit einer geringeren Anzahl Nachkommastellen als bei Double. Je mehr Nachkommastellen dargestellt werden können, desto weniger Stellen vor dem Komma sind speicherbar.
Double (Gleitkommazahl doppelter Genauigkeit)	-1,79769313486231570E+308 bis -4,94065645841246544E-324 † für negative Werte und 4,94065645841246544E-324 bis 1,79769313486231570E+308 für positive Werte	Fließkommazahl mit doppelter Genauigkeit, das heißt es können mehr Nachkommastellen dargestellt werden als beim Typ Single. Aufgrund von Genauigkeitsverlusten beim Rechnen mit Gleitkommazahlen sollte wenn Möglich der Datentyp Double dem Typ Single vorgezogen werden.
Boolean	True oder False (Wahr oder Falsch)	Wahrheitswerte, dabei wird true als numerischer Wert -1 und false als numerischer Wert 0 interpretiert.
Date	1. Januar 100 bis 31. Dezember 9999	Datumswert, der auch Uhrzeiten speichern kann.
Object	Beliebiger Object-Verweis	Zur Speicherung von Verweisen auf Objekte.
String	0 bis ungefähr 2 Milliarden Zeichen	Speichert Zeichenketten bis zu einer Länge von 2 Milliarden Zeichen.
Variant	Beliebiger numerischer Wert bis zum Bereich eines Double	Speichert beliebige Werte, also Zahlen, Datumswerte, Zeichenketten und Objektverweise.

Stichwortverzeichnis